□ こ の 本 の 特 長 □

　高校受験では，中学2年までの学習内容が，どれだけ確実に理解できているかどうかが合格の大きなカギになることは言うまでもありません。

　本書は，近畿の各高校で近年に実施された入学試験・学力検査の問題から，ほぼ**中学1年・2年で学習する内容で解答できる問題**を抽出し，分野別・単元別に分類して収録しました。

　受験勉強の基礎固めとして適切な良問を選択していますので，正解できなかった問題は，別冊「解答・解説」を参考に，じゅうぶんに理解できるまで復習してください。

　この1冊をていねいに学習することで，中学2年までの内容を効果的に復習することができます。それにより，実力テストや入試本番に役立つ実力がつくことでしょう。

　本書が，高校受験を目指す皆さんの基礎力強化に役立つことを願っています。

JN041439

も　く　じ

1 世界・日本のすがた

1 《国家の位置・時差》　次の資料は，2019年から2021年にかけて発生した世界の異常気象をまとめている。これについて，後の問に答えよ。

(樟蔭高)

発生時期	内容
2019年2月	① カナダから北米に寒波
2019年10月	② インド中部に大雨
2020年7～8月	③ 中国の長江中・下流域で大雨
2021年6月	④ アメリカ南西部の少雨と高温で47.8℃を計測
2021年7月	北半球（ヨーロッパ～⑤ ロシア～カナダ～アメリカ）の高温
2021年7月	ヨーロッパ中部（⑥ ドイツやベルギー）の洪水で死者
2021年8月	ヨーロッパ南部（⑦ イタリア）の高温で48.8℃を計測

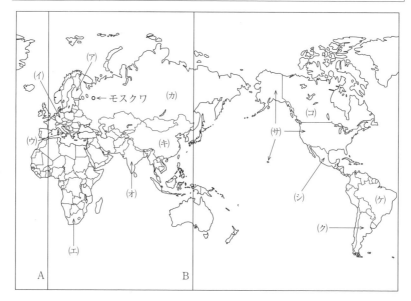

問1　資料中の下線部①～⑦の国の位置を，上の地図の(ア)～(シ)からそれぞれ記号で選べ。

①(　　　)　②(　　　)　③(　　　)　④(　　　)　⑤(　　　)　⑥(　　　)　⑦(　　　)

問2　地図中Aの線は，イギリスのロンドンを通る0度の経線である。これを何というか。(　　　)

問3　地図中Bの線は，東経135度の経線である。これを何というか。(　　　)

問4　モスクワ周辺と日本の時差について，適切なものを次の(ア)～(エ)から一つ記号で選べ。ただし，モスクワ周辺の標準時は東経45度として計算している。(　　　)

(ア)　日本が1月1日の午前9時の時，モスクワは1月1日の午前3時である。

(イ)　日本が1月1日の午前9時の時，モスクワは1月1日の午後3時である。

(ウ)　日本が1月1日の午前9時の時，モスクワは12月31日の午前3時である。

(エ)　日本が1月1日の午前9時の時，モスクワは12月31日の午後3時である。

2 ≪人口の多い国≫　表は，人口の多い国とその国の人口をあらわしている。表中の国々について，問1～問4に答えなさい。

（花園高）

表

	国名	人口
1位	中国	14億3,932万人
2位	インド	13億8,000万人
3位	アメリカ合衆国	3億3,100万人
4位	インドネシア	2億7,352万人
5位	パキスタン	2億2,089万人

統計年次は2020年。

『2021　データブック　オブ・ザ・ワールド』により作成。

問1　中国について述べた文として誤っているものを①～④より1つ選びなさい。（　　　）

①　1970年代末から「一人っ子政策」が進められ，人口の増加はゆるやかになり，現在では高齢化が急速に進んでいる。

②　降水量の少ない北部では小麦やとうもろこしなどの畑作，降水量の多い南部では稲作がおこなわれている。

③　1979年にシャンハイが最初の経済特区に指定され，外国の設備や技術を導入することになった。

④　工業が沿海部を中心に発展したことで，沿海の都市部と内陸の農村部との間で経済格差が広がった。

問2　インドについて述べた文として誤っているものを①～④より1つ選びなさい。（　　　）

①　ガンジス川流域ではライ麦の栽培がさかんで，作物の品種改良や化学肥料の普及が進み，生産量が大幅に増えている。

②　降水量の多いアッサム地方では茶，デカン高原では綿花が栽培され，世界各地に輸出されている。

③　日本の自動車メーカーとインドの国営企業が協力して立ち上げた自動車会社のほか，多くの自動車メーカーが進出している。

④　数学の教育水準が高く，英語を話せる技術者が多いことから情報通信技術（ICT）関連産業が発展し，ソフトウエアの輸出は大幅に伸びている。

問3　アメリカ合衆国で，英語の次に多くの人々が使用している言語を①～④より1つ選びなさい。

（　　　）

①　ドイツ語　　②　イタリア語　　③　スペイン語　　④　フランス語

問4　インドネシアやパキスタンで多くの人々が信仰している宗教とその聖地の組合せとして正しいものを①～④より1つ選びなさい。（　　　）

	①	②	③	④
宗教	ヒンドゥー教	ヒンドゥー教	イスラム教	イスラム教
聖地	バラナシ	ヤンゴン	リヤド	メッカ

3 《地図の用法》　次の地図A・Bを見て，あとの問い(1)～(3)に答えなさい。　　　　　（京都両洋高）

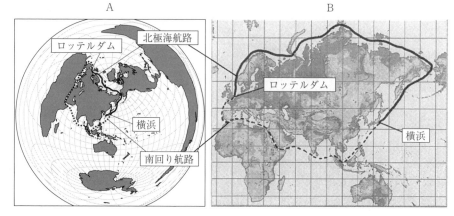

(1)　地図中の横浜とロッテルダムをつなぐ2つの航路に関して述べた文章（a～d）について，それぞれの航路の説明として正しい組み合わせを，㋐～㋓より1つ選び，記号で答えなさい。（　　　）

〈南回り航路〉

　　a：中東の政治的紛争が解消され，安全な航行ができるようになった。

　　b：地中海と紅海を結ぶ交通路であるスエズ運河を通行する。

〈北極海航路〉

　　c：ロシアやカナダ，グリーンランドの間の海を航行することとなる。

　　d：南回り航路と比べると，航行距離が長く，多くの燃料を必要とする。

　　㋐　aとc　　㋑　aとd　　㋒　bとc　　㋓　bとd

(2)　北極海航路は，世界的な問題にもなっている。ある環境問題により近年，航行できる時期が長くなってきている。その環境問題とは何か，漢字5文字で答えなさい。□□□□□

(3)　Bの地図で使用されている図法の名称を答えなさい。（　　　）

4 《緯度の高い順》　次のA～Eについて，それぞれア～エを緯度の高い順に並べ替えた場合，3番目に位置するものをア～エから1つずつ選び，記号で答えなさい。　　　　　（京都女高）

A　［湾］（　　　）

　ア．石狩湾　　イ．伊勢湾　　ウ．博多湾　　エ．若狭湾

B　［面積が500km^{2}以上の島］（　　　）

　ア．奄美大島　　イ．国後島　　ウ．佐渡島　　エ．屋久島

C　［漁港］（　　　）

　ア．釧路港　　イ．気仙沼港　　ウ．境港　　エ．八戸港

D　［県庁所在地］（　　　）

　ア．富山　　イ．福井　　ウ．盛岡　　エ．山形

E　［織物の産地］（　　　）

　ア．桐生織　　イ．秩父銘仙　　ウ．西陣織　　エ．八重山ミンサー

5 ≪日本の自然災害≫　次の地図Ⅰを見て，日本の自然災害に関するあとの問いに答えなさい。

（京都産業大附高）

地図Ⅰ

問1　下の図は，葛飾北斎による『冨嶽三十六景』の代表作，『神奈川沖浪裏』（図1）と『凱風快晴』（図2）です。これらの作品には共通点があり，どの作品にも同じ山が描かれています。これらの作品中に描かれている山を，上の地図Ⅰ中のア～エの中から1つ選び，記号で答えなさい。

（　　　　）

『神奈川沖浪裏』

図1

『凱風快晴』

図2

問2　日本は，環太平洋造山帯に属しているため，地震が多く，各地に分布する火山の活動も活発です。地図Ⅰにあるように，我が国には数多くの火山が存在しています。これらの火山の多くは現在も活動している活火山です。ひとたび火山が噴火すると様々な火山災害を引き起こします。右の図3は，地図Ⅰ中にある雲仙岳（普賢岳）が噴火した際に発生した，ある火山災害の様子を写したものです。火山が大規模な噴火を起こしたときに，火口から噴出した高温のガスが，火山灰などと共に高速で流れるこの現象を何といいますか。（　　　　）

図3

問3　我が国は，火山災害のほかにも多くの自然災害に見舞われてきました。そのため，都道府県や市区町村では，多くの地域において火山噴火，津波，洪水といった様々な自然災害による被害の可能性や，災害発生時の避難場所などを示した地図を作成しています。このような地図を何といいますか。**カタカナ**で答えなさい。（　　　　）

問4　自然災害が発生した場合に，適切な避難行動が行われると，何も行動を起こさなかった場合に比べてその被害を少なくできるとされています。次のア～オは自然災害が起こった場合に発生する可能性が高い被害について，カ～コは自然災害が発生した場合に取るべきとされている避難のポイントを示しています。大地震の発生後，揺れがおさまり，大津波の襲来が予想されている場所にいる状況において，以降発生する可能性の高い被害と，避難のポイントとして正しいものを，ア～オ，カ～コの中からそれぞれ**2**つずつ選び，記号で答えなさい。

　　　被害（　　　）（　　　）　ポイント（　　　）（　　　）

【発生する可能性が高い被害】

　　ア　落雷　　イ　建物への浸水　　ウ　溶岩流や土石流　　エ　建物の倒壊

　　オ　強風による飛来物

【避難のポイント】

　　カ　海から離れた場所へ避難する

　　キ　頑丈な地下室へ避難する

　　ク　建物が近くにない広場へ避難する

　　ケ　窓から離れた部屋の中へ避難する

　　コ　高い建物や高台へ避難する

問5　右の図4は，九州南部における，ある地層の分布を示したものです。この地層を構成しているのは，かつての火山噴火によってもたらされた古い火山噴出物（火山灰など）で　**A**　と呼ばれています。空欄Aにあてはまる適切な語句を答えなさい。

（　　　　）

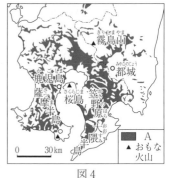

図4

問6　問5の地層は，非常に水を通しやすく，また栄養分も乏しいため，かつて農業には大変な苦労がありました。そのため，栽培の中心であったのはある作物でした。鹿児島の昔の国名に名前が由来し，別名「甘藷（かんしょ）」とも呼ばれるこの作物を何といいますか。

（　　　　）

問7　問6にあるように，やせた土地の多い九州南部では，家畜のふんを畑の肥料として使うために，古くから豚などの家畜が大切に飼われてきました。そのため九州南部は，畜産が盛んな地域になりました。次のグラフ①～③は，肉牛，豚，ブロイラー（食用の鶏）の飼育頭数と主な都道府県を表したものです。①～③と家畜名との組合せとして正しいものを，あとのア～カの中から1つ選び，記号で答えなさい。（　　　　）

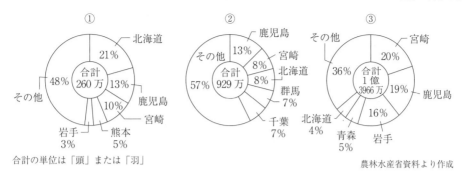

合計の単位は「頭」または「羽」

農林水産省資料より作成

	①	②	③
ア	肉牛	豚	ブロイラー
イ	肉牛	ブロイラー	豚
ウ	豚	肉牛	ブロイラー
エ	豚	ブロイラー	肉牛
オ	ブロイラー	肉牛	豚
カ	ブロイラー	豚	肉牛

6 ≪日本の河川と関連事項≫　日本では，河川の流域に広がる平野や盆地が開発されてきた。現在でも大きな河川の流域で多くの人々が生活している。日本の主要な河川に関する次の表をみて，問題に答えなさい。

(四天王寺高)

河川名	主要都市	流域の特徴
十勝川	[⑤]市	石狩山地から十勝平野をとおり，太平洋に流れ込む。流域には火山からの噴出物からなる台地がみられる。
[①]川	盛岡市 石巻市	岩手県から宮城県にかけて流れ，[①]盆地をほぼ南北に流れ，仙台平野の北部で太平洋にそそいでいる。
[②]川	山形市 酒田市	上流域にはa) 果樹の栽培が盛んな山形盆地が位置し，下流域の庄内平野は，稲作が発達している。
b) 利根川	前橋市 銚子市	関東平野をほぼ東西に流れ，川が刻む広大な台地は，c) 富士山などの火山灰が堆積した赤土の地層に覆われている。
[③]川	長野市 新潟市	上流域や中流域に位置する中央高地は，平野の少ない地域なので，河川に沿うように人口や産業が集まっている。
天竜川	飯田市 [⑥]市	日本アルプスから太平洋にそそぐ河川で，河口部には日本を代表するオートバイとピアノを生産する工業都市である[⑥]市が位置する。
紀ノ川	和歌山市 五条市	奈良県から和歌山県にかけてほぼ東西に流れている。流域では，林業や果樹の栽培が盛んである。
[④]川	江津市 三次市	広島県北部から，中国山地を抜けて島根県で日本海にそそいでいる。中国地方最長の河川である。
吉野川	[⑦]市 三好市	1500mを超える険しい山が多い四国山地をほぼ東西に流れ，上流域では深い谷がみられる。
筑後川	久留米市 佐賀市	九州山地を源流とし，福岡県・佐賀県両県にまたがるd) 筑紫平野を流れ，有明海にそそいでいる。

問1　表中の[①]〜[④]に正しい語句を入れ，地名を完成させなさい。

　　①(　　　　) ②(　　　　) ③(　　　　) ④(　　　　)

問2　表中の[⑤]〜[⑦]に該当する都市を次のア〜カから一つずつ選び，記号で答えなさい。

　　⑤(　　　　) ⑥(　　　　) ⑦(　　　　)

　ア　豊橋　　イ　札幌　　ウ　徳島　　エ　浜松　　オ　帯広　　カ　高知

問3　表中の下線部 a) に関して，山形盆地のある山形県が生産量日本1位の果樹の組み合わせとして正しいものを次のア〜エから一つ選び，記号で答えなさい。(　　　　)

　ア　サクランボ・西洋ナシ　　イ　サクランボ・ブドウ　　ウ　リンゴ・ブドウ

　エ　ブドウ・西洋ナシ

問4　表中の下線部 b) の利根川が流れる県として**誤っているもの**を次のア〜オから一つ選び，記号で答えなさい。(　　　　)

　ア　群馬県　　イ　栃木県　　ウ　埼玉県　　エ　茨城県　　オ　千葉県

問5　表中の下線部 c) の地層を何というか。答えなさい。(　　　　)

問6　表中の下線部 d) に関して，次の筑紫平野と有明海に関する二つの説明を読み，その正誤をあとのア〜エから一つ選び，記号で答えなさい。(　　　　)

　A　筑紫平野では，冬でも温暖な気候を利用して，稲作が終わった後の水田で小麦や大麦といった，米以外の作物を栽培する二毛作が行われてきた。

　B　有明海には日本最大の干潟があり，日本有数の養殖のりの産地となっている。また，干潟を干拓することにより農地の拡大が行われてきた。

　　ア　A―正　　B―正　　イ　A―正　　B―誤　　ウ　A―誤　　B―正

　　エ　A―誤　　B―誤

2 世界各地のようす

§1．暮らし・気候などのようす

1 ≪気候①≫ 次の文章を読み，あとの各問いに答えなさい。 （阪南大学高）

　世界各地の人々は，それぞれの地域の地形・気候といった自然環境の影響を受けて，さまざまな生活をしています。

　世界の気候は，①熱帯，②乾燥帯，③温帯，④亜寒帯（冷帯），寒帯の五つの気候帯に分けられます。下のグラフは，それぞれの地域の⑤雨温図です。雨温図とは，ある地点の月別の平均気温と降水量をグラフで表したものです。これにより，その土地の気候の特徴をみることができます。

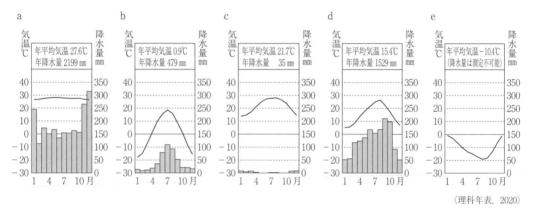

〈理科年表，2020〉

問1．下線部①について，熱帯は雨が多く，1年を通して気温が高いです。また，1日の天気が変わりやすく，一時的な強い風をともなう大つぶの雨が降ることもあります。この雨を何といいますか，答えなさい。（　　　）

問2．下線部②について，乾燥帯における伝統的な住居の説明として正しいものを，次のア～エより1つ選び，記号で答えなさい。（　　　）

　ア．ヤシの葉や竹でつくった高床式の家屋で，風通しがよく暑さや湿気がこもらないようになっています。

　イ．建物から出る熱が永久凍土をとかし，建物がかたむいてしまわないように，多くの住居が高床になっています。

　ウ．石造りだと熱が伝わりにくくなるため，住居の多くは石造りで，窓が小さいという特徴があります。

　エ．森林が少なく木材を得にくいため，土をこねてかため，太陽の熱で乾かした日干しレンガを使った住居が特徴的です。

問3．下線部②について，雨が少なく，草木がほとんど育たないため，季節的に生える草や水をもとめて，移動しながら家畜を飼育する牧畜を何といいますか，答えなさい。（　　　）

問4．下線部③について，温帯の中でも地中海沿岸などでは，冬に雨が多く，夏に極端に雨が少なく乾燥します。この地域で広く栽培されている作物として**誤っているもの**を，次のア〜エより1つ選び，記号で答えなさい。（　　　）

　ア．ぶどう　　　イ．オレンジ　　　ウ．パイナップル　　　エ．オリーブ

問5．下線部③について，ヨーロッパの大西洋岸は，西岸海洋性気候です。この地域で，西から東に向かって一年中ふく風のことを何といいますか，答えなさい。（　　　）

問6．下線部④について，次の（　A　）・（　B　）にあてはまる語句を，それぞれ答えなさい。

　A（　　　）　B（　　　）

　亜寒帯（冷帯）は，短い夏と寒さの厳しい冬があり，夏と冬の気温の差が大きい地域で，（　A　）樹の森が広がります。

　寒帯は，一年中寒さが厳しく，樹木が育たない地域で，夏の間だけ地表の氷がとけてわずかにこけ類が生える（　B　）気候と，一年中氷と雪におおわれる氷雪気候に分かれます。

問7．下線部⑤について，a〜eの雨温図の中から温帯のものを1つ選び，記号で答えなさい。

（　　　）

2　≪気候②≫　次の図を見て，下の各問いに答えなさい。　　　　　　　　　　　　　　　　（京都文教高）

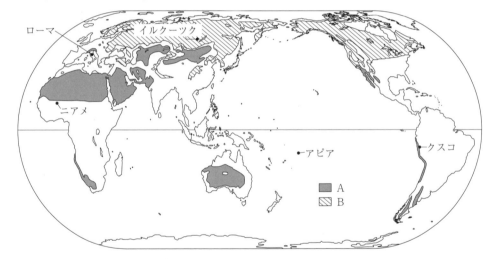

問1．A・Bの地域について，その気候と自然の特色を表した文を次のア〜エからそれぞれ1つずつ選び，記号で答えなさい。A（　　　）　B（　　　）

　ア．雨がほとんど降らず，植物が育たないため，砂漠になっている。砂漠では水がとても貴重で，自然のわき水や井戸などで水が得られるオアシスには人々が集まる。

　イ．年間を通して暑く，季節による気温の変化がほとんどない。樹木の高さが50mにもなる熱帯雨林が広がり，多種多様で，色彩の豊かな動物や植物が見られる。

　ウ．冬は寒さがきびしいが，夏の気温は高いため，樹木が育ち，もみやからまつの仲間の針葉樹から成る，タイガと呼ばれる広大な森林が形成される。

　エ．はっきりとした四季がある気候帯の中で，特に冬に雨が多く降り，夏は雨が少なく乾燥する。

夏の暑く乾燥した気候に適したぶどう，オリーブ，トマトなどが栽培されている。

問2．次の①〜③の気温と降水量のグラフは，それぞれ図中のどの都市にあてはまりますか。その組み合わせとして正しいものを下のア〜エから1つ選び，記号で答えなさい。（　　　　）

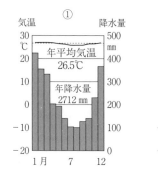 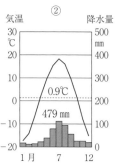 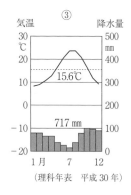

（理科年表　平成30年）

ア．①…ニアメ　　②…クスコ　　③…ローマ

イ．①…アピア　　②…イルクーツク　　③…ローマ

ウ．①…クスコ　　②…ニアメ　　③…イルクーツク

エ．①…ニアメ　　②…イルクーツク　　③…アピア

3　≪コロナ禍の観光≫　コロナ禍により，社会は大きく変容した。旅行代理店も厳しい経営状況に置かれている中で，オンラインツアーに力を入れている企業も増えている。オンラインツアーに関する次の問いに答えなさい。

（近大附高）

問1　「オンラインで行く　世界の主要首都とその周辺をめぐる旅」という企画に参加することにした。次のA〜Eの，各首都のツアー概要からその首都の名前を答えなさい。また，その都市の雨温図1〜5とその首都が属する国に関する記述を，あとのア〜オからそれぞれ選び，記号で答えなさい。

A（　　　　）（　　　）（　　　）　B（　　　　）（　　　）（　　　）　C（　　　　　）（　　　）（　　　）

D（　　　　）（　　　）（　　　）　E（　　　　）（　　　）（　　　）

A：2000年以上前から建設が始まり，北の遊牧民の侵入を防ぐために修築・移築を繰り返しながら造られた世界最長の防御建造物をめぐるツアー

B：コロッセオなどの古代からの建造物が多数現存し，博物館に入らなくても歴史を感じられる世界遺産の歴史地区をめぐるツアー

C：次の夏季オリンピック・パラリンピックの開催地となっているこの都市で，シャンゼリゼ通りでカフェ巡りをしながらマルシェ（市場）をめぐるツアー

D：キング牧師による演説で知られるリンカーン記念堂やホワイトハウスを近隣の大学生と巡り，知的好奇心を刺激するツアー

E：赤の広場散策とこの国で広く信仰されている正教会の教会を巡り，芸術性の高さで知られるバレエやオペラの解説を交えながら鑑賞するツアー

〔都市の雨温図〕

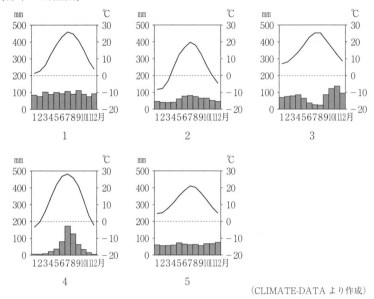

（CLIMATE-DATA より作成）

〔国に関する記述〕

ア　火山の噴火や地震もしばしば発生するこの国では，革製品をはじめ，数々のブランド品の生産が盛んで，ミラノでは世界的なファッションショーが行われている。

イ　100 を超える少数民族が暮らしており，原油や天然ガスなどの鉱産資源が豊富で，パイプラインを使って大量に輸出されている。

ウ　多民族国家のこの国では，少数民族ウイグル人の人権をめぐり，欧米諸国を中心に物議をかもしていると同時に，沿岸部と内陸部の経済格差が問題になっている。

エ　一人当たりのエネルギー消費量が世界で最も多く，二酸化炭素の排出量も毎年上位を占めるが，一度結んだ京都議定書も拒否し，さらにパリ協定なども一度は離脱するなど，環境対策に及び腰な一面を持っている。

オ　EU 最大の農業国で，世界有数の小麦の輸出国であると同時に工業も発達しており，トゥールーズでは航空機の組み立てが行われている。

問2　社会科の授業でオンラインツアーのライブ配信を企画することになり，次の企画書ア〜エを先生に提出した。その中で一つの企画書は調べた内容に誤りがあると先生に指摘された。**内容に誤りがある企画書**に該当するものとして最も適当なものを次のア〜エの中から一つ選び，記号で答えなさい。なお，時差の影響による視聴者の減少や，インターネット環境の未整備による影響は考えないものとする。（　　　　）

ア　ハワイのビーチの素晴らしさを伝えるために，ビーチにいる人にその魅力を尋ね，ビーチ周辺にある最近話題のお店を紹介してまわる。

イ　マニラのスラムの生活実態を学ぶために，粗末な建物が密集し，上下水道などが整備されていないような普段観光客が行きにくいスポットを，現地の住民だからこそ案内できる利点を活かしてリポートしていく。

　ウ　アマゾンの奥地に住む部族の生活を体験してもらうために，その部族に事前に承諾を得た上で，ホームステイする様子を擬似体験してもらい，伝統的な焼畑や漁の様子などもリポートしていく。

　エ　スペイン南部の地方都市で，スペイン人の伝統的な生活を知る一環として，地域密着型の昔ながらの商店街にスポットをあて，最も人通りが多い平日昼過ぎの時間に一緒にショッピングをしてまわり，後日商品を送り届けてもらう。

問3　オンラインツアーに興味を持った中学生の太郎君は，放課後，社会科の先生のもとに相談に行った。その時の会話文を読み，あとの問いに答えなさい。

太郎：お時間をとっていただきありがとうございます。オンラインツアーに興味を持ったので，僕もどこかに行ってみたいと思うのですが，アドバイスをいただけないでしょうか？

先生：もちろんです。まず，太郎君はどんなことに興味がありますか？

太郎：僕は最近，宗教に興味があります。日本では宗教について触れる機会が外国に比べて少ないように思うので，各宗教の生活習慣や儀式などを見てみたいです。

先生：それでしたら宗教と生活や行事が密接に結びついた国を中心に考えていくのがいいですね。あくまで例ですが，キリスト教はイタリアを，イスラム教はサウジアラビアを，仏教はタイを，ヒンドゥー教はインドを中心に見てみるといいかもしれません。もちろん代表的な国であっても他宗教を信仰している人もいますが，圧倒的にそれらの宗教を信仰している人が多いですからね。

太郎：そうなんですね。一度に同時に見て回るのは難しそうですね。僕はガンジス川で沐浴（もくよく）する人々に強い興味があるので，まずはそれらの人々が信仰している宗教にまつわるツアーから考えてみようかと思います。

先生：その宗教は（　　　　　　　）という特徴もありますよ。こうやって宗教を知ることは異文化理解に向けて良い機会になりますね。これをきっかけに是非色々な国を訪ねてみてください。

太郎：はい。では早速申し込んでみようと思います。ありがとうございました。

(1)　文中の空欄に当てはまる先生が太郎君に語った内容として最も適当なものを，次のア～エの中から一つ選び，記号で答えなさい。（　　　）

　ア　まちの人々が，毎朝修行中の僧侶を出迎え，食料などをささげ，男子は出家することが望ましい

　イ　謝肉祭などの季節行事が行われ，また日曜日は仕事を休む日としているため，ほとんどの商店が閉まっている

　ウ　殺生を嫌い，肉や魚を食べない人が多くいるため，牛肉や豚肉を扱う店はほとんどない

　エ　1日5回，聖地の方角に向けてお祈りをささげ，日中は断食をする時期がある

(2)　次の資料①～③は，オンラインツアーについてアンケート調査をしたある資料の一部である。これらの資料を参考に，以下の文AとBの正誤の組み合わせとして適当なものを，あとのア～エの中から一つ選び，記号で答えなさい。（　　　）

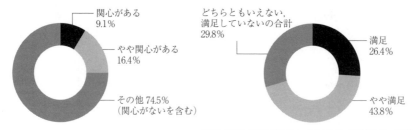

（出典　宮城大学およびネオマーケティング　2021年より一部加筆）

資料①　オンラインツアー関心度　　　資料②　参加したオンラインツアーの満足度

オンラインツアーのメリット	
1位	自宅で気軽に旅行気分を味わえる
2位	どこへでも行ける
3位	交通費がかからない
4位	天候に左右されない
5位	時間帯を気にせず参加できる
6位	感染対策になる
7位	移動時間がない
8位	セキュリティ面などでリアルでは入れない場所に入れる
オンラインツアーのデメリット	
1位	現地の空気感を肌で味わえない
2位	旅行中の楽しさがない
3位	旅行前のワクワク感が少ない
4位	旅行に行った後の達成感が感じられない
5位	アクティビティが実際に体験できない
6位	パソコンやスマホなど電子機器に慣れていないと参加しにくい
7位	通信回線の不具合が生じる可能性がある
8位	現地のモノのサイズ感が伝わりにくい

資料③　オンラインツアーのメリットとデメリット

A　オンラインツアーに関心のある人は少ないが，参加者の満足度は比較的高く，今までにないプランを提供できるため，少なくともコロナ禍において今後もオンラインツアーが実施されると考えられる。

B　天候に左右されないため，いつでも快晴のビーチを楽しめる7月のタイのプーケットで，ライブツアーに参加することができる。

ア　A―正　　B―正　　イ　A―正　　B―誤　　ウ　A―誤　　B―正

エ　A―誤　　B―誤

§2. 各地域のようす

1 ≪ヨーロッパ①≫ A～H の文について，あとの問いに答えなさい。 (華頂女高)

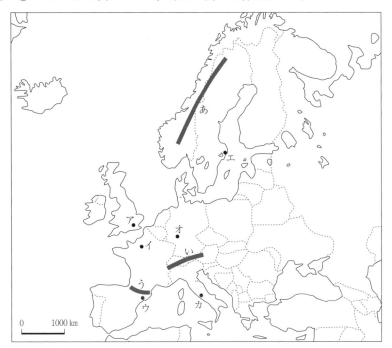

A 1967 年に，フランス，イタリアなどの 6 か国がヨーロッパ共同体という組織を作り，1993 年には⒜EU となった。2020 年現在の加盟国は 27 か国になっている。EU 域内の多くの国で共通の通貨である あ を導入することにより，国境を越えた買い物や旅行などが活発になった。

B ヨーロッパでは，18 世紀の半ば以降，イギリスやベルギー，フランスを中心に，世界で最初に工業が発達した。現在は，自動車工業や医薬品，航空機などを生産する先端技術産業などが成長しており，産業の中心も①ロンドンや②フランクフルト，ミュンヘンなどに移動している。また，ICT 関連産業が③ストックホルムやヘルシンキで発達している。

C スカンディナビア半島の西岸にある（ 1 ）には，氷河によって削られた谷に海水が深く入り込んだ地形である い が見られる。また，夏になると太陽が沈んでも暗くならない う と呼ばれる現象が見られる。

D ⒝アルプス山脈より北側の地域では，年間を通して安定した降水量があるため，小麦やじゃがいも，ライ麦等のほかに，家畜のえさになる作物の栽培と，豚や牛などの家畜の飼育を組み合わせた え 農業が行われてきた。（ 2 ）では，ライ麦パンやじゃがいも，ソーセージ，ビールなどが食卓に並ぶ。

E デンマークや（ 3 ）など北海沿岸の地域は，気候が冷涼で，土の栄養分が少ない土地が多いため，牧草を栽培して乳牛を飼い，バターやチーズを生産する お が盛んである。

F　アルプス山脈より南側の地域では，オレンジやオリーブ，ぶどうなど夏の高温と乾燥に強い果樹を栽培する　か　式農業が行われてきた。（　4　）では，オリーブオイルをたっぷり使ったパスタやピザ，肉や魚料理が食べられ，ワインもよく飲まれている。

G　（　5　）は，EU 最大の農業国であり，小麦の自給率は 100 ％を大きく上回り，世界有数の小麦輸出国になっている。2024 年に④パリでオリンピック・パラリンピックが開かれる。

H　EU は，域内の格差を埋めるために補助金を出して支援する対策をとってきた。その補助金の多くは，財政が豊かな国が負担している。近年は移民や難民が流入し，これらの人々に対する支援も必要とされている。（　6　）は，こうした負担の増加に対して不満を抱き，2016 年に EU からの離脱を決定した。

1　　あ　～　か　にあてはまる語句を答えなさい。

　　あ（　　　　）い（　　　　）う（　　　　）え（　　　　）お（　　　　）か（　　　　）

2　（　1　）～（　6　）にあてはまる国をア～クから選び，記号で答えなさい。

　　(1)(　　　) (2)(　　　) (3)(　　　) (4)(　　　) (5)(　　　) (6)(　　　)

　　ア　イギリス　　イ　イタリア　　ウ　オランダ　　エ　スイス　　オ　ドイツ　　カ　ロシア
　　キ　フランス　　ク　ノルウェー

3　①＿＿＿～④＿＿＿の都市を地図のア～カから選び，記号で答えなさい。

　　①(　　　) ②(　　　) ③(　　　) ④(　　　)

4　①＿＿＿の都市（本初子午線）について，東京（東経 135 度）との時差をア～エから選び，記号で答えなさい。サマータイムは考えないものとします。（　　　　）

　　ア　東京より 9 時間早い　　イ　東京より 9 時間遅い　　ウ　東京より 12 時間早い
　　エ　東京より 12 時間遅い

5　ⓐ＿＿＿について，正式名を答えなさい。（　　　　）

6　ⓑ＿＿＿について，地図の　あ～う　から選び，記号で答えなさい。（　　　　）

2　《ヨーロッパ②》　次の【A】～【E】の各文は，それぞれヨーロッパ州に位置する国についての説明をしています。各文を読んで，あとの問いに答えなさい。　　　　　　　　　　　　　（大谷高）

【A】　アルプス山脈の北側に位置するこの国には①ライン川が流れ，多くの運河と結ばれています。年間を通して安定した降水量があるため，小麦やライ麦といった穀物栽培と，豚や牛を中心とした家畜の飼育を組み合わせた（　a　）農業が行われてきました。第二次世界大戦後には東西に分裂しましたが，1990 年に再び統一されました。

　問 1　空欄（　a　）にあてはまる語句を答えなさい。（　　　　）

　問 2　下線部①について，次の問いに答えなさい。

　　ⅰ）ライン川のように，複数の国の領域や国境を流れ，外国の船が自由に航行できるように沿岸国どうしで条約を結んだ河川を何といいますか，答えなさい。（　　　　）

　　ⅱ）ライン川を示している河川として正しいものを，次の地図中のア～エから 1 つ選び，記号で答えなさい。（　　　　）

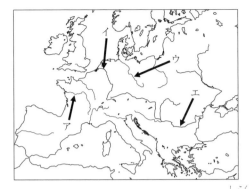

【B】　この国の首都の市内には，面積が世界最小の国②バチカン市国〔しこく〕があります。夏は高温で乾燥し，冬は温暖で雨が多いため，古くからオリーブやブドウ，小麦などの作物を栽培する地中海式農業が行われてきました。近年では地元の伝統的な食材を見直そうとする③スローフード運動などの取り組みが行われています。

問3　下線部②について，バチカン市国の位置として正しいものを，次の地図中のア〜エから1つ選び，記号で答えなさい。（　　　）

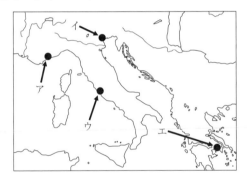

問4　下線部③について，日本にはこれとよく似た，「地元で作られた農林水産物を地元で消費しようとする運動」があります。この運動の名称を漢字4字で答えなさい。□□□□

【C】　④この国の首都の郊外には経度0度の基準となる経線である（　b　）が通っています。かつては「大英帝国〔だいえいていこく〕」とよばれ，多くの海外領土や植民地をもっていました。そのため，⑤オセアニア州には「ユニオンジャック」とよばれるこの国の国旗が，自国の国旗に描かれている国々があります。

問5　空欄（　b　）にあてはまる語句を答えなさい。（　　　）

問6　下線部④について，日本が2月10日午前11時ならば，この国の首都は何月何日の何時になりますか，午前・午後をつけて答えなさい。なお，サマータイムは考えないものとします。

（　　　）

問7　下線部⑤について，オセアニア州の歴史に関して述べた次のX・Yの文を読み，どちらも正しければア，Xのみ正しければイ，Yのみ正しければウ，どちらも誤っていればエ，の記号で答えなさい。（　　　）

X．オーストラリアでは，ヨーロッパ系以外の移民を制限する白豪主義がとられていた。

Y．ニュージーランドの先住民であるアボリジニの先住権が認められた。

【D】　C国と北海をはさんでスカンディナビア半島西岸に位置
するこの国には，氷河によってけずられた谷に海水が深く入
りこんだ（　c　）とよばれる右の写真のような地形がみられ
ます。⑥高緯度に位置するため，夏になると太陽が沈んでも
暗くならない現象が起こります。日本と同じく水産業が盛ん
で，数少ない捕鯨（ほげい）国でもあります。

問8　空欄（　c　）にあてはまる語句を答えなさい。（　　　　）

問9　下線部⑥のような現象を何といいますか，答えなさい。（　　　　）

【E】　この国はC国とユーロトンネルでつながっています。⑦ユーラシア大陸の西側に位置し，
比較的高緯度ですが，大陸の東側に比べると，気候は温暖です。また，1967年に6か国で結成さ
れたEC発足当時の加盟国です。ECが拡大・発展して組織された⑧EU内では最大の農業国で，
名物のパンの原料となる小麦の自給率は100％を大きく上回ります。

問10　下線部⑦について，次の問いに答えなさい。

ⅰ）次の各地図中の[ア]〜[エ]は緯線を示しています。E国を通る緯線としてもっともあてはまるも
　のを，[ア]〜[エ]から1つ選び，記号で答えなさい。なお，各地図の縮尺は同じではありません。

（　　　　）

ⅱ）E国が比較的高緯度に位置するにもかかわらず，気候が温暖な理由について述べた次の文
　中の空欄（　Ⅰ　）・（　Ⅱ　）にあてはまる語句の組み合わせとして正しいものを，あとのア〜エ
　から1つ選び，記号で答えなさい。（　　　　）

　　（　Ⅰ　）と暖流の（　Ⅱ　）が寒さをやわらげているため。

　　ア．Ⅰ—貿易風（ぼうえきふう）　　Ⅱ—北太平洋海流（きたたいへいようかいりゅう）　　イ．Ⅰ—貿易風　　Ⅱ—北大西洋海流（きたたいせいようかいりゅう）
　　ウ．Ⅰ—偏西風（へんせいふう）　　Ⅱ—北太平洋海流　　エ．Ⅰ—偏西風　　Ⅱ—北大西洋海流

問11　下線部⑧について，次の問いに答えなさい。

ⅰ）EUに関して述べた文として誤っているものを，次のア〜エから1つ選び，記号で答えな
　さい。（　　　　）

　　ア．EU加盟国間では，さまざまな統合がすすんだ結果，国民総所得の格差がほぼ解消された。

　　イ．EU加盟国が増えるなか，地価や賃金が安い東ヨーロッパへの工場の移転がみられる。

　　ウ．2010年ごろからギリシャで発生した経済危機は，共通通貨の存在がゆらぐユーロ危機に
　　　発展した。

　　エ．イスラム教を信仰するトルコや北アフリカなどからの移民である外国人労働者が増加し
　　　ている。

ⅱ）2022 年現在，EU に加盟していない国の組み合わせとして正しいものを，次のア～オから
1 つ選び，記号で答えなさい。（　　　）

ア．【A】と【B】　　イ．【B】と【C】　　ウ．【C】と【D】　　エ．【D】と【E】

オ．【A】と【E】

ⅲ）次の各グラフは人口・面積・GDP を比較したものです。グラフ中のア～エは「EU」「日
本」「アメリカ」「中国」のいずれかを示しています。このうち「EU」にあてはまるものをア
～エから 1 つ選び，記号で答えなさい。（　　　）

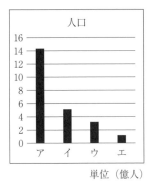
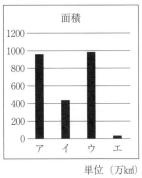
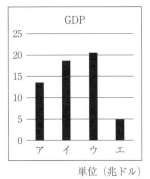

単位（億人）　　　　　　　　単位（万km²）　　　　　　　単位（兆ドル）

〈世界国勢図会 2020／2021 より作成〉

3　≪アフリカ≫　次の地図及びグラフを見て，後の問いに答えなさい。　　　　　　（橿原学院高）

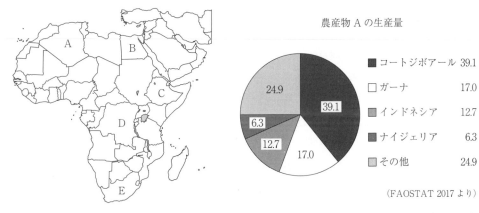

農産物 A の生産量

- コートジボアール 39.1
- ガーナ 17.0
- インドネシア 12.7
- ナイジェリア 6.3
- その他 24.9

（FAOSTAT 2017 より）

問1　アフリカ大陸にある砂漠として適切でないものを選び，番号で答えなさい。（　　　）

1　サハラ砂漠　　2　アタカマ砂漠　　3　カラハリ砂漠　　4　ナミブ砂漠

5　リビア砂漠

問2　オアシスで営まれている農業として適切なものを選び，番号で答えなさい。（　　　）

1　かんがい農業　　2　混合農業　　3　園芸農業　　4　地中海式農業　　5　三圃式農業

問3　世界市場向けの商品作物を単一耕作することを何というか選び，番号で答えなさい。

（　　　）

1　フィードロット　　2　センターピボット　　3　チェルノーゼム　　4　モノカルチャー

5　ファゼンダ

問4　19世紀末に独立を保っていた国を地図から選び，記号で答えなさい。（　　　　）

問5　農産物Aに当てはまるものを選び，番号で答えなさい。（　　　　）

　　1　バナナ　　　2　ぶどう　　　3　コーヒー　　　4　さとうきび　　　5　カカオ

問6　道路建設・農業振興などの協力を行う政府開発援助の略称をアルファベットで答えなさい。

　　　　　　　　　　　　　　　　　　　　　　　　　　　　　　　　　　　　（　　　　）

4　≪アジア①≫　次の地図を見て，設問に答えなさい。　　　　　　　　　　（英真学園高）

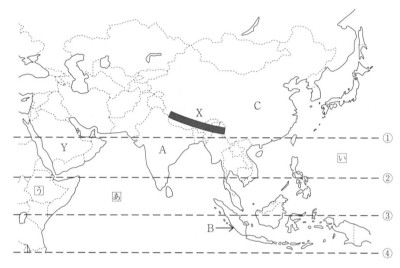

問1　図のA・Bの国名を答えなさい。A（　　　　）　B（　　　　）

問2　図のあ・いの海洋名を答えなさい。あ（　　　　）　い（　　　　）

問3　図のうの大陸名を答えなさい。（　　　　大陸）

問4　図のXの山脈名とYの半島名の組み合わせとして正しいものを1つ選び記号で答えなさい。

　　　　　　　　　　　　　　　　　　　　　　　　　　　　　　　　　　　　（　　　　）

	X	Y
ア	ヒマラヤ山脈	アラビア半島
イ	ヒマラヤ山脈	マレー半島
ウ	アルプス山脈	アラビア半島
エ	アルプス山脈	マレー半島

問5　Cの国について説明した文章のうち，誤っているものを1つ選び，記号で答えなさい。

　　　　　　　　　　　　　　　　　　　　　　　　　　　　　　　　　　　　（　　　　）

　　ア．2015年まで人口増加を抑えるため「一人っ子政策」を実施していた。

　　イ．工業製品は世界中に輸出され「世界の工場」と呼ばれている。

　　ウ．経済成長の中心は内陸部であり，沿岸部は貧しいままになっている。

　　エ．人口の9割を占める漢民族のほかに55の少数民族がくらす多民族国家である。

問6　図中の①～④から赤道を示しているものを1つ選び，番号で答えなさい。（　　　　）

問7　東南アジア諸国連合の略称をアルファベット5字で答えなさい。￭￭￭￭￭

5 ≪アジア②≫　次の文章と地図はジョンから太郎に配信されたものです。その文章と地図を見て，あとの設問に答えなさい。

（大阪産業大附高）

　　　親愛なる太郎へ

元気にしていますか。

夏休みだというのに新型コロナウイルスの影響で，どこにも行けないね。

新型コロナウイルスが猛威を振るっていますが，日本の状況はどうかな？

　僕の国の①タイは，日本よりも感染者などが少ないみたいだよ。それは，やはりワクチン接種のおかげかな？

日本ではなかなかワクチン接種が進んでいないようだけれど大丈夫？

　僕たちは，できるだけ密にならないように心掛け，手洗い・うがいやマスク着用などの感染防止対策を今まで以上に続けていかなければならないよね。

東南アジアの地図

　早く，新型コロナウイルスが収束してくれればいいのにな。もし新型コロナウイルスが収束すると，②インドネシアにある別荘に家族で出かけることになっているんだ。ちなみに③インドネシアとその周辺の東南アジアの地図も送っておくよ。

　暗い話題が多いけれど，もうすぐ東京オリンピックが始まるね。日本でも盛り上がっているんだろうね？　僕もテレビで観戦するよ。

　その次のオリンピックは④フランスで開かれることになっているので，その時には行ってみたいな。

　太郎，また時間があれば，返信してね。　　　　　　ジョンより

(1)　下線部①について，次の文は日本とタイとの間の時差に関するものです。文中の空欄　X　～　Z　にあてはまる数字や語句の組み合わせとして正しいものを，あとのア～クから一つ選び，記号で答えなさい。（　　　　）

　　日本とタイの位置を比較してみると，タイは日本より西に位置しています。首都バンコクの位置は　X　103 度であり，日本との時差は約　Y　時間です。上のメールをジョンが 2021年 7 月 21 日火曜日の午後 6 時に送信した時，太郎のいる東京は，2021 年 7 月 21 日の午後　Z　時でした。

ア．　X　－東経　　　Y　－2　　　Z　－4

イ．　X　－東経　　　Y　－2　　　Z　－8

ウ．　X　－東経　　　Y　－5　　　Z　－1

エ．　X　－東経　　　Y　－5　　　Z　－11

オ．　X　－西経　　　Y　－2　　　Z　－4

カ．　X　－西経　　　Y　－2　　　Z　－8

キ．　X　－西経　　　Y　－5　　　Z　－1

ク．　X　－西経　　　Y　－5　　　Z　－11

(2) 下線部②について，地図中の(i)・(ii)の島名の組み合わせとして正しいものを，次のア～カから一つ選び，記号で答えなさい。（　　　　）

ア．(i)―ジャワ島　　　(ii)―スマトラ島

イ．(i)―ジャワ島　　　(ii)―カリマンタン島

ウ．(i)―スマトラ島　　(ii)―ジャワ島

エ．(i)―スマトラ島　　(ii)―カリマンタン島

オ．(i)―カリマンタン島　(ii)―ジャワ島

カ．(i)―カリマンタン島　(ii)―スマトラ島

(3) 次の2つのグラフは，農産物の生産量と地下資源の産出量が，それぞれ上位を占める国と割合をあらわしたものです。（Ⅰ）（Ⅱ）にあてはまる品目名の組み合わせとして正しいものを，あとのア～ケから一つ選び，記号で答えなさい。（　　　　）

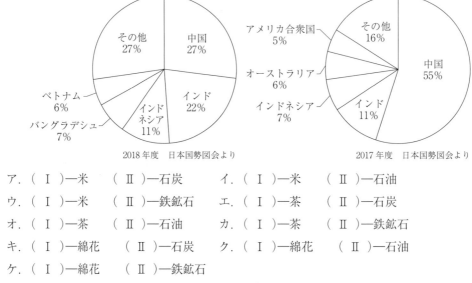

農作物（Ⅰ）の生産量　　2018年度　日本国勢図会より

地下資源（Ⅱ）の産出量　　2017年度　日本国勢図会より

ア．（Ⅰ）―米　　（Ⅱ）―石炭　　　イ．（Ⅰ）―米　　（Ⅱ）―石油

ウ．（Ⅰ）―米　　（Ⅱ）―鉄鉱石　　エ．（Ⅰ）―茶　　（Ⅱ）―石炭

オ．（Ⅰ）―茶　　（Ⅱ）―石油　　　カ．（Ⅰ）―茶　　（Ⅱ）―鉄鉱石

キ．（Ⅰ）―綿花　（Ⅱ）―石炭　　　ク．（Ⅰ）―綿花　（Ⅱ）―石油

ケ．（Ⅰ）―綿花　（Ⅱ）―鉄鉱石

(4) 下線部③について，地図中の㋐国に関する説明として正しいものを，次のア～エから一つ選び，記号で答えなさい。（　　　　）

ア．この国では，全人口の約90％以上の人々がキリスト教を信仰しています。第三次産業に従事する割合も高く，またバナナの生産が有名です。

イ．この国では，多くの民族が混在する多民族国家です。また，工業化に取り組み韓国・台湾などとともにアジアNIESと呼ばれています。

ウ．この国では，約20％の人が仏教を信仰し，イスラム教に次いで信仰する人の割合が高くなっています。また，華人と呼ばれる中国系の人も約20％程度暮らしています。

エ．この国では，かつてはエビの養殖場が多く作られ盛んでした。最近では機械類の輸出も多く，日本企業の進出も東南アジアの国々の中で最も高いです。

(5) 下線部④について，このパリ近郊都市の雨温図として正しいものを，次のア～ウから一つ選び，記号で答えなさい。（　　　　）

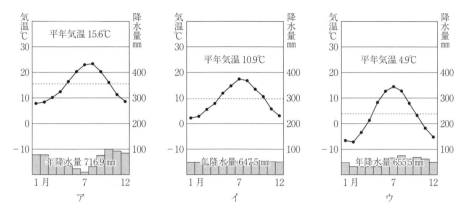

(6) 東南アジアでは，植民地時代に作られた大農園でゴムやコーヒーを大規模に栽培している国もあります。このような単一の商品作物を大量に生産する大農園を何というか答えなさい。

（　　　　　）

---

6 ≪北アメリカ≫　次の文章を読んで，問1～問4に答えなさい。　　　　　　（大阪薫英女高）

　アメリカ合衆国は世界有数の工業国である。鉄鉱石や石炭などの豊富な鉱産資源と水上交通を活用して，19世紀から五大湖周辺の都市で工業が発展した。なかでも，〈 ① 〉は鉄鋼業の，〈 ② 〉は自動車工業の中心地となった。こうした重工業の発展により，20世紀前半にはアメリカ合衆国は世界で最も経済的に豊かな国となった。しかし，20世紀後半になると〈 ③ 〉やドイツなどから安くて質の良い鉄鋼や自動車などの工業製品が輸入されたため，五大湖周辺の工業は衰退した。そこで，北緯37度より南の〈 ④ 〉とよばれる地域で航空宇宙産業やコンピューター関連産業，バイオテクノロジーなどの先端技術産業に力を注ぐようになった。なかでもサンフランシスコ郊外にある〈 ⑤ 〉には，先端技術産業にかかわる大学や研究機関，ICT関連の企業が集中し，世界中から集まった研究者によって高度な技術の開発が進められている。また，近年では〈 ⑥ 〉などの温室効果ガスの増加を原因とする地球温暖化対策もアメリカ合衆国にとって重要な課題となっている。

　農業の分野でも各地の自然環境に合わせた a適地適作の農業が行われ，b小麦・とうもろこし・大豆などが広大な土地を利用して栽培されている。また，降水量が少ない牧草地でも肉牛の放牧などがさかんである。その結果，多くの国がアメリカ合衆国から農産物を輸入しているのでアメリカ合衆国は「世界の食糧庫」とよばれている。

問1　文中の〈 ① 〉～〈 ⑥ 〉にあてはまる語句を，次の(ア)～(タ)の中からそれぞれ1つずつ選び，記号で答えなさい。

　　①（　　　）②（　　　）③（　　　）④（　　　）⑤（　　　）⑥（　　　）

　(ア) ニューヨーク　　(イ) テキサス　　(ウ) ボストン　　(エ) デトロイト　　(オ) ピッツバーグ

　(カ) シリコンバレー　　(キ) プランテーション　　(ク) モノカルチャー

　(ケ) センターピボット　　(コ) サンベルト　　(サ) オゾン　　(シ) 水素　　(ス) 二酸化炭素

　(セ) 日本　　(ソ) ロシア　　(タ) フランス

問2　文中の下線部 a に関して，地図中 A～C の地域で行われているおもな農業についてあてはまるものを，次の(ア)～(カ)の中から1つずつ選び，記号で答えなさい。

A（　　　）B（　　　）C（　　　）

(ア)　果樹の栽培　　(イ)　肉牛の放牧

(ウ)　小麦の栽培　　(エ)　綿花の栽培

(オ)　米の栽培　　　(カ)　酪農

問3　文中の下線部 b に関して，次のグラフは大豆，とうもろこし，小麦，牛肉のいずれかのものである。このうち大豆はどれか，次の(ア)～(エ)の中から1つ選び記号で答えなさい。（　　　）

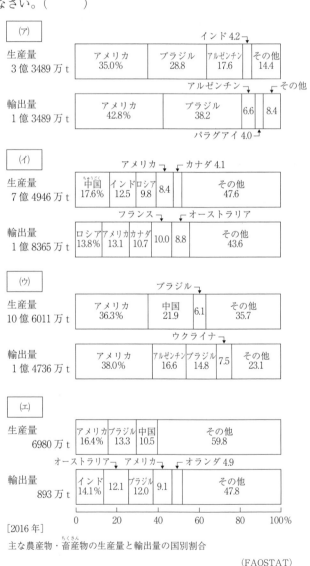

[2016年]
主な農産物・畜産物の生産量と輸出量の国別割合

(FAOSTAT)

問4　次の雨温図(X)・(Y)・(Z)は，合衆国のラスベガス・合衆国のニューヨーク・カナダのモントリ

オールのいずれかに該当する。このうち，ラスベガスにあてはまるものはどれか，(X)・(Y)・(Z)の中から1つ選び記号で答えなさい。（　　　）

雨温図

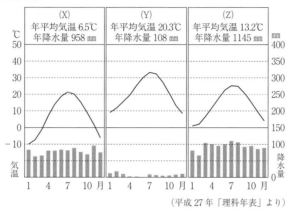

（平成27年「理科年表」より）

7 ≪南北アメリカ≫　右の［地図］を参考にして，次の設問に答えなさい。

（浪速高）

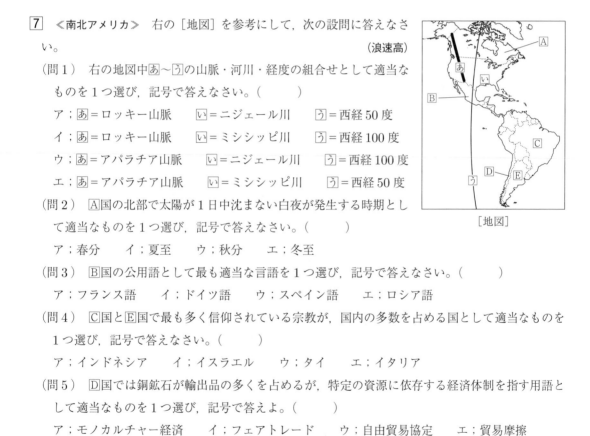

（問1）　右の地図中あ～うの山脈・河川・経度の組合せとして適当なものを1つ選び，記号で答えなさい。（　　　）

ア；あ＝ロッキー山脈　　い＝ニジェール川　　う＝西経50度

イ；あ＝ロッキー山脈　　い＝ミシシッピ川　　う＝西経100度

ウ；あ＝アパラチア山脈　　い＝ニジェール川　　う＝西経100度

エ；あ＝アパラチア山脈　　い＝ミシシッピ川　　う＝西経50度

（問2）　A国の北部で太陽が1日中沈まない白夜が発生する時期として適当なものを1つ選び，記号で答えなさい。（　　　）

ア；春分　　イ；夏至　　ウ；秋分　　エ；冬至

（問3）　B国の公用語として最も適当な言語を1つ選び，記号で答えなさい。（　　　）

ア；フランス語　　イ；ドイツ語　　ウ；スペイン語　　エ；ロシア語

（問4）　C国とE国で最も多く信仰されている宗教が，国内の多数を占める国として適当なものを1つ選び，記号で答えなさい。（　　　）

ア；インドネシア　　イ；イスラエル　　ウ；タイ　　エ；イタリア

（問5）　D国では銅鉱石が輸出品の多くを占めるが，特定の資源に依存する経済体制を指す用語として適当なものを1つ選び，記号で答えよ。（　　　）

ア；モノカルチャー経済　　イ；フェアトレード　　ウ；自由貿易協定　　エ；貿易摩擦

（問6）　地図中のA～E国について次の［表1］と［表2］を参考に，あとの①～⑤の文章が正しければ「ア」，誤っていれば「イ」と答えなさい。

①（　　　）②（　　　）③（　　　）④（　　　）⑤（　　　）

[表1]　作物生産量と環境統計

国名	とうもろこし（万トン）	大豆（万トン）	森林伐採量（百万 m^3）	CO_2 排出量（百万トン）
Ａ国	1388	727	152	547.8
Ｂ国	2717	32	47	446.0
Ｃ国	8229	11789	282	427.6
Ｄ国	111	0	64	86.1
Ｅ国	4346	3779	18	183.4

[表2]　各国の輸出額と割合

国名	輸出額（億ドル）	輸出項目の割合（%）			
		食料品	原材料・燃料	工業製品	その他
Ａ国	4461	11.2	32.0	48.3	8.5
Ｂ国	4611	7.7	7.6	76.9	7.8
Ｃ国	2254	33.9	33.0	31.5	1.6
Ｄ国	755	26.2	59.9	12.9	1.0
Ｅ国	651	58.8	5.2	16.6	19.4

(データブック　オブ・ザ・ワールド 2021 を参考に作成)

①　森林伐採量が5か国のうち2番目に高く CO_2 排出量が最も高い国は，輸出項目のうち工業製品の割合が最も多く占めている。

②　とうもろこしと大豆の生産が最も高い国はＣ国で，輸出項目のうち食料品の割合が最も多く占めている。

③　輸出額が最も高い国は貿易を通じて隣国との結びつきが強く，輸出項目のうち工業製品の割合が最も多く占めている。

④　森林伐採量が 100 百万 m^3 を超えている国は，CO_2 排出量が 400 百万トンを超えて，どちらの国も熱帯に位置している。

⑤　とうもろこしと大豆の生産が最も低い国は，輸出項目のうち原材料・燃料の割合が最も多く占めるＥ国である。

8　≪南半球の国々≫　次の X 国と Y 国に関する文章を読んで，後の設問に答えなさい。

(京都廣学館高)

X国：この国は，第二次世界大戦以前に独立したが，白人が鉱産資源を独占し，有色人種を差別する（　1　）と呼ばれる人種隔離政策を行っていた。しかし，その政策は 1991 年に廃止され，1994 年には①黒人初の大統領が就任した。今日では，地下資源に依存する経済から金融・保険業などの（　2　）産業へと移行しつつあり，同大陸の経済をけん引している。

Y国：この国は，1901 年にイギリスから独立したが，非白人に対して差別的な（　3　）にもとづく政策を続けていた。その政策は 1970 年代に廃止され，現在は多くの文化を受け入れる多文化主義の国となっている。主な農産物は小麦・肉類などで，地下資源は（　4　）・鉄鉱石・オパールな

どが世界一の産出量をほこる。それらの鉱物を輸出し，工業製品を輸入する（　5　）貿易が行われてきたが，近年はその特徴に変化が見られる。

1．X国とY国に該当する国を，下の地図中ア〜オからそれぞれ選び，記号で答えなさい。

　　X（　　　　）　Y（　　　　）

〔地図〕

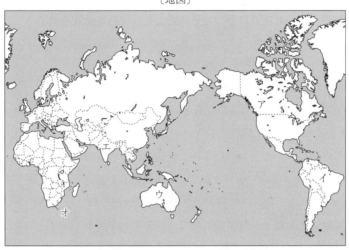

2．文章中の空欄（　1　）〜（　5　）に適する語句を次のア〜クからそれぞれ選び，記号で答えなさい。

　　(1)(　　　　)　(2)(　　　　)　(3)(　　　　)　(4)(　　　　)　(5)(　　　　)

　　ア　垂直　　イ　水平　　　　　ウ　第二次　　エ　第三次　　オ　ボーキサイト

　　カ　石油　　キ　アパルトヘイト　　ク　白豪主義

3．文章中の下線部①に該当する人物を，次のア〜エから1つ選び，記号で答えなさい。（　　　　）

　　ア　マンデラ　　イ　オバマ　　ウ　キング　　エ　マータイ

9　≪オリンピック・パラリンピックの開催①≫　次の表Ⅰは，2000年以降に開催された夏季オリンピック・パラリンピックの開催国と開催都市を示したものである。あとの問いに答えなさい。

（大阪学芸高）

表Ⅰ

	開催年	開催国	開催都市
A	2000	オーストラリア	シドニー
B	2004	ギリシャ	アテネ
C	2008	中国	ペキン
D	2012	イギリス	ロンドン
E	2016	ブラジル	リオデジャネイロ
F	2021	日本	東京

(1)　表Ⅰ中のAのオーストラリアについて，次の文章は，オーストラリアの人々と社会について述べたものである。文章中の(a)〔　　　〕から適切なものを一つ選び，記号で答えなさい。また，⬜️(b)にあてはまる語を答えなさい。(a)(　　　　)　(b)(　　　　)

　　オーストラリアは，かつては@〔ア　フランス　　イ　イギリス〕の植民地であった。20 世紀
初めから 1970 年代初めまで，ヨーロッパ系以外の移民を制限する白豪主義がとられていたが，
1970 年代以降，ヨーロッパ以外からの移民も積極的に受け入れるようになり，アジアからの移民
が増加している。また，オーストラリアには，先住民の　ⓑ　も暮らしており，このように多様
な民族が共存するオーストラリアは，それぞれの文化を尊重する多文化社会をめざしている。

(2)　表Ⅰ中のBのギリシャの農業について述べた文として最も適切なものを，次のア〜エから一つ
　　選び，記号で答えなさい。（　　　　）

　　ア　乾燥に強いオリーブやぶどうなどの生産がさかんである。

　　イ　水や草を求めて移動し，家畜を飼育する遊牧がさかんである。

　　ウ　森林などを焼きはらい，その灰を肥料として利用する焼畑農業がさかんである。

　　エ　降水量が多いため，米の二期作がさかんである。

(3)　表Ⅰ中のCの中国について，右の図Ⅰは，中国の民族構成を
　　示したものである。図Ⅰ中の　X　にあてはまる民族名を答え
　　なさい。（　　　　）

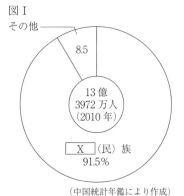

図Ⅰ

（中国統計年鑑により作成）

(4)　表Ⅰ中のDのロンドンはイギリスの首都で，ロンドンを通る
　　経線を基準に，世界の国や地域の標準時子午線（標準時の基準と
　　なる経線）が定められている。表Ⅰ中のFの日本の首都である
　　東京を 1 月 10 日午前 10 時に出発した飛行機がロンドンに到着
　　したのは，ロンドンの現地時間で 1 月 10 日午後 1 時であった。
　　このときの飛行時間は何時間か，答えなさい。（　　　　時間）

(5)　表Ⅰ中のEのブラジルにかかわって，次の図Ⅱは，図Ⅲ中のマナオス（ブラジル）とキト（エ
　　クアドル）の二つの都市の月別平均気温を示したものである。図Ⅱ，Ⅲから読み取れることにつ
　　いて述べた，あとの文章中の□□□にあてはまる内容を，「位置」の語を用いて，15 字程度で答
　　えなさい。□□□□□□□□□□□□□□□□□□□□

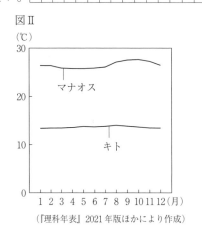

図Ⅱ

（『理科年表』2021 年版ほかにより作成）

図Ⅲ

　　マナオスとキトは，ほぼ同じ緯度に位置するが，マナオスに比べてキトのほうが，月別平均気

温が低くなっている。これは，マナオスに比べてキトのほうが，□□□□からである。

(6) 表Ⅰ中のA〜Eの開催国のうち，同じ言語を公用語としている国の組み合わせとして最も適切なものを，次のア〜クから一つ選び，記号で答えなさい。（　　　）

ア　A，B　　イ　A，B，D　　ウ　A，B，E　　エ　A，D　　オ　A，D，E　　カ　B，D
キ　B，D，E　　ク　D，E

(7) 次の表Ⅱは，表Ⅰ中のA〜Eの国から表Ⅰ中のFの日本への輸出額上位3品目を示したものである。Eのブラジルにあたるものを，表Ⅱ中のア〜オから一つ選び，記号で答えなさい。（　　　）

表Ⅱ

	1位	2位	3位
ア	喫煙用たばこ	揮発油	綿花
イ	液化天然ガス	石炭	鉄鉱石
ウ	鉄鉱石	鶏肉	飼料用とうもろこし
エ	一般機械	医薬品	乗用車
オ	電気機器	一般機械	衣服と同付属品

（2019 年：『データブック　オブ・ザ・ワールド 2021』により作成）

(8) 表Ⅰ中のA〜Eの開催都市のうち，表Ⅰ中のFの東京から2番目に近い位置にある都市はどれか。次の図Ⅳを参考にして，その都市名を答えなさい。（　　　）

図Ⅳ

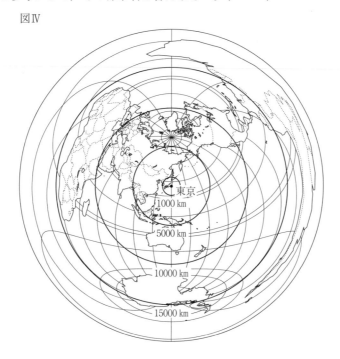

10　≪オリンピック・パラリンピックの開催②≫　次の文を読み，あとの問いに答えよ。

（常翔啓光学園高）

　昨年(2021年), 東京オリンピックが開催された。オリンピックは4年に一度の世界的なスポーツの祭典であり, スポーツを通じた人間育成と世界平和を目的として開催されている。ⓐ1896年にギリシャで最初の近代オリンピック競技大会が行われ, 夏季オリンピックにおいてはⓑヨーロッパ州が17回, ⓒアジア州が4回, ⓓ南・北アメリカ州が7回, ⓔオセアニア州が2回開催地に選ばれている。近年では従来のテーマである「スポーツ」とⓕ「文化」にⓖ「環境」が加わり, 世界中の人々が多様な社会のあり方について考える機会にもなっている。

問1. 下線部ⓐについて, ギリシャの位置として正しいものを次の中から一つ選び, 記号を解答欄に記入せよ。(　　　)

問2. 下線部ⓐについて, かつては都市文明が栄え, 近代オリンピックが開かれたギリシャの都市名を, カタカナで解答欄に記入せよ。(　　　)

問3. 下線部ⓑについて, 次の表は人口と面積, GDP (2019年) を示しており, ㈠〜㈣は, EU・中国・アメリカ合衆国・日本のいずれかである。EUにあてはまるものを次の中から一つ選び, 記号を解答欄に記入せよ。(　　　)

	人口(億人)	面積(万 km²)	GDP (兆ドル)
㈠	14.2	960	14.5
㈡	4.5	422	15.5
㈢	3.3	983	21.3
㈣	1.3	38	5.0

(『2021　地理データファイル』より)

問4. 下線部ⓑについて, 2002年に導入されたEUにおける共通通貨の名称を, カタカナで解答欄に記入せよ。(　　　)

問5. 下線部ⓒについて, 中国で1979年以降に対外開放政策の一つとして, 海外の資本や技術を導入するために開放した地域を, 漢字で解答欄に記入せよ。(　　　)

問6. 下線部ⓒについて, 次の文は, 中国の地域格差についての説明である。これを読み, 文中の　1　〜　3　にあてはまる語句の組み合わせとして, 正しいものをあとの中から一つ選び, 記号を解答欄に記入せよ。(　　　)

　　中国では, 沿岸部の都市の1人あたりのGDPが内陸部にある都市に比べて　1　いので, 出かせぎ労働者が　2　部から　3　部へ移動している。

㈠　1 低　2 沿岸　3 内陸　㈡　1 高　2 沿岸　3 内陸

（ウ）　1　低　　2　内陸　　3　沿岸　　（エ）　1　高　　2　内陸　　3　沿岸

問7．下線部ⓓについて，地図中の　4　・　5　にあてはまる
語句の組み合わせとして，正しいものを次の中から一つ選び，記
号を解答欄に記入せよ。（　　　）

（ア）　4　アマゾン　　　5　ジブラルタル

（イ）　4　アマゾン　　　5　マゼラン

（ウ）　4　ラプラタ　　　5　ジブラルタル

（エ）　4　ラプラタ　　　5　マゼラン

問8．下線部ⓓについて，メキシコなどに住む，先住民と白人の混
血の人々を，カタカナで解答欄に記入せよ。（　　　）

問9．下線部ⓔについて，右の写真はオーストラリアにある世界最
大級の一枚岩で，世界遺産に登録されている。この岩と，周辺に
住む先住民の名称の組み合わせとして，正しいものを次の中から
一つ選び，記号を解答欄に記入せよ。（　　　）

（ア）　ウルル―イヌイット　　　（イ）　ウルル―アボリジニー

（ウ）　グレートバリアリーフ―イヌイット

（エ）　グレートバリアリーフ―アボリジニー

問10．下線部ⓔについて，2000年に開催されたシドニーオリンピックの開会式は，現地時間の午後
7時に始まった。このときのダッカ（バングラデシュ）の時刻として，正しいものを次の中から
一つ選び，記号を解答欄に記入せよ。※シドニーは東経150°，ダッカ（バングラデシュ）は東経
90°とする。（　　　）

（ア）　午前3時　　（イ）　午後3時　　（ウ）　午前11時　　（エ）　午後11時

問11．下線部ⓕについて，地図中のX国で最も多くの人々が信仰している宗教を，解答欄に記入し
せよ。（　　　）

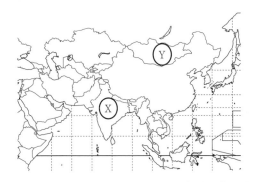

問12．下線部ⓕについて，問11の地図中Y国でみられる移動用住居を，カタカナで解答欄に記入し
せよ。（　　　）

問13．下線部ⓖについて，自然環境や歴史，文化などを観光資源とし，その観光資源を損なうこと
なく，体験したり学んだりする観光のあり方が広まりつつある。このような取り組みを，カタカ
ナで解答欄に記入せよ。（　　　）

11 ≪オリンピック・パラリンピックの開催③≫　あさひさんは，夏休みの自由課題でオリンピックの歴史を調べ，次の資料を作成しました。これを見て，各問いに答えなさい。　　　　（滋賀短期大学附高）

資料

開催年	開催都市	国	州
1896 年	アテネ	ギリシャ	ヨーロッパ
1900 年	パリ	フランス	ヨーロッパ
1904 年	セントルイス	アメリカ	北アメリカ
1908 年	ロンドン	イギリス	ヨーロッパ
～（中略）～			
2000 年	（ X ）	A オーストラリア	オセアニア
2004 年	アテネ	ギリシャ	ヨーロッパ
2008 年	北京	中国	アジア
2012 年	ロンドン	イギリス	ヨーロッパ
2016 年	リオデジャネイロ	（ Y ）	南アメリカ
2021 年	B 東京	日本	アジア

問1　下線部Aについて，次のグラフ1はオーストラリアに暮らす移民の出身州別割合の移り変わりを示しています。グラフ1と説明文を見て（ X ）・（ Z ）に入る語句の組み合わせとして正しいものを，後のア～エの中から1つ選びなさい。なお，資料と説明文中の（ X ）には同じものが入ります。（　　　）

グラフ1

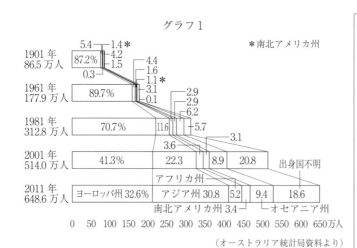

＊南北アメリカ州

（オーストラリア統計局資料より）

説明文

　現在，（ X ）の中心部にはチャイナタウンがあり，多くの華人が生活しています。しかし，かつてのオーストラリアでは，20世紀初めから1970年代にかけて（ Z ）と呼ばれる政策がとられ，ヨーロッパ系以外の移民が制限されていました。その後，アジアとの結びつきが強まるとともに，それまでの政策を変えて，ヨーロッパ系以外の移民などを積極的に受け入れるようになり，今に至っています。

ア　X―シドニー　　　Z―一人っ子政策

イ　X―メルボルン　　Z―一人っ子政策

ウ　X―シドニー　　　Z―白豪主義

エ　X―メルボルン　　Z―白豪主義

問2　次のグラフ2は，資料中の（ Y ）に当てはまる国の輸出品の変化を示しています。これを見て，各問いに答えなさい。

グラフ2

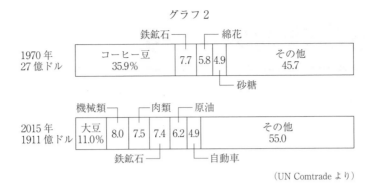

		鉄鉱石		綿花		
1970年 27億ドル	コーヒー豆 35.9%	7.7	5.8	4.9	その他 45.7	

└ 砂糖

	機械類		肉類		原油		
2015年 1911億ドル	大豆 11.0%	8.0	7.5	7.4	6.2	4.9	その他 55.0

鉄鉱石 ┘ └ 自動車

(UN Comtrade より)

(1) グラフ2を参考に「モノカルチャー経済」とはどのようなものか，「生産」「輸出」という語句を用いて説明しなさい。

(　　　　　　　　　　　　　　　　　　　　　　　　　　　　　　　　　)

(2) グラフ2について説明した内容として正しいものはどれですか。次のア～エの中から1つ選びなさい。(　　　)

ア　1970年から2015年にかけてコーヒー豆の生産に力を入れ，輸出品の大半を占めている。

イ　1970年に比べ，2015年の鉄鉱石の輸出額は下がっている。

ウ　1970年では自動車の輸出割合が約40％あるが，2015年には約5％まで下がっている。

エ　1970年には主要な輸出品ではなかった大豆が，2015年には輸出品目における割合の1位となっている。

問3　下線部Bについて，7月27日18時に東京で開始される野球日本代表の試合は，ロンドンでは何時に始まることになりますか。右の図を参考に解答欄に合うように答えなさい。なお，イギリスではこの時期はサマータイムを採用し，時刻を通常より1時間早く進めています。

(7月　　　　日　　　　時)

図

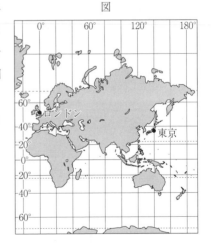

3 日本各地のようす

§1. 地域の調査

1 ≪地形図①≫　図 1 はある地域の 2 万 5 千分の 1 地形図の一部（約 1.5 倍に拡大）であり，図 2 はそこから等高線のみを抜き出したものである。また，図 3 はこの地域のハザードマップから同じ範囲を抜き出したもの（一部改変）であるが，北が上とは限らない。問 1，問 2 に答えよ。**（国立高専）**

図 1　地形図（北が上）

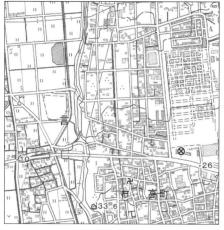

（国土地理院　電子地形図 25000）

図 2　等高線のみを抜き出した地図（北が上）

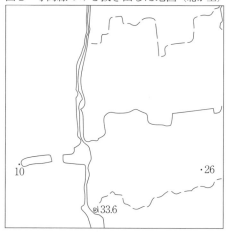

（地理院地図による画像を加工して作成）

図 3　ハザードマップ

浸水が想定される区域

　　5m 以上の浸水

　　5m 未満の浸水

ある災害に警戒すべき区域

　　特に警戒すべき区域

　　警戒すべき区域

関連する施設

　避難場所

問 1　図 3 において北はどちらの方向か。正しいものを次のアからエのうちから一つ選べ。

（　　　　　）

　ア　図の上　　イ　図の下　　ウ　図の左　　エ　図の右

問2　図3中の「ある災害に警戒すべき区域」は，どのようなところで，どのような災害のおそれがあると考えられるか。図1，図2も参考に，最も適当なものを次のアからエのうちから一つ選べ。

（　　　）

ア　平らな土地なので，地震の際に津波の被害が集中するおそれがある。

イ　急な斜面なので，大雨の際に土砂崩れがおきるおそれがある。

ウ　周囲より標高が低いので，洪水の際に著しく浸水するおそれがある。

エ　周囲より標高が高いので，火山噴火の際に火山灰が集中的に降り注ぐおそれがある。

2　≪地形図②≫　登山部の部員は，夏休みを利用して，長野県の八ヶ岳連峰で夏山合宿を実施することになりました。次の地図Ⅰは八ヶ岳連峰の位置を示す概観図です。また，あとの地図Ⅱは合宿実施地域の地形図です。あとの会話文は，これらの地図を使って合宿の計画を立てるため，部員会議をしている様子です。これを見て，あとの問いに答えなさい。

（京都産業大附高）

地図Ⅰ

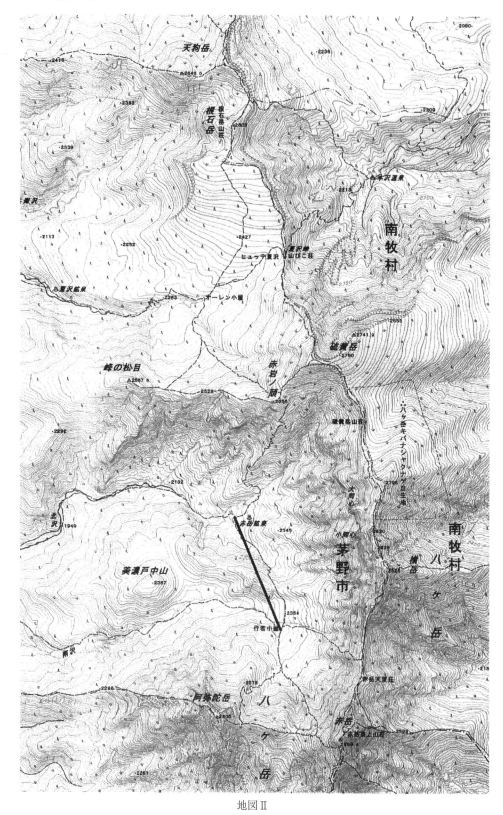

地図Ⅱ

（編集部注：原図を縮小しています。）

タニガワ	今年度の夏山合宿は，長野県の八ヶ岳連峰で実施することになりました。実施山域の地形図を配ったけど，みんな手元にあるよね？
アカギ	あるよ。これ，縮尺は（ A ）だよね？
タニガワ	そうだよ。
イブキ	で，どこから山に入ることにしたの？
タニガワ	初日のうちに本沢温泉まで前進して，ここにテントを張って泊まることにしようと思う。翌日は朝から北西側についているルートを使って天狗岳の山頂へ登るよ。天狗岳登頂後は少しだけ戻る形で南へ向かうルートをとって，この日はオーレン小屋でテントを張って宿泊になるよ。
オオミネ	南ってことは次に登るのは（ 1 ）だね。そこからオーレン小屋まではどのルートを通るの？
アカギ	せっかくだし，尾根上を歩きたいよね。まっすぐ下らずに東側の尾根沿いに歩いて，そこから西へ下るルートを使おうよ。
イブキ	ということは（ 2 ）から下るルートか。東へ下ると元の本沢温泉に戻っちゃうから注意が必要だね。そんな失敗はしないだろうけど。
オオミネ	オーレン小屋も本沢温泉も谷沿いだから水場があるし，水の心配はなさそうだね。
タニガワ	3日目はオーレン小屋を出た後，赤岩ノ頭を通ってから北東に向かって（ 3 ）に登るよ。その後はどんどん尾根を南下して，（ 4 ）を通過して，最後は八ヶ岳最高峰の赤岳に登るよ。
イブキ	尾根歩きだし，天候さえ良ければ眺望が期待できるね。楽しみだ。①<u>赤岳は県境になっていた</u>はずだよ。赤岳に登ってからはどうするの？
タニガワ	赤岳山頂からは②<u>行者小屋に向かって下降してから，赤岳鉱泉に抜ける</u>予定だよ。
オオミネ	その日はさすがに赤岳鉱泉で終わりだよね？　結構なロングコースだよ。
タニガワ	そりゃそうだよ。赤岳鉱泉でテントを張って宿泊だよ。最終日は赤岳鉱泉から西へ下って下山するよ。それともさらにコースを伸ばしたい？
アカギ	そんなことされちゃ体力がもたないよ。本沢温泉，オーレン小屋，赤岳鉱泉と今回の合宿では全てのテント泊でお風呂に入れるね。楽しみだな。特に③<u>本沢温泉の露天風呂「雲上の湯」は日本で最も高い位置にある露天風呂</u>として知られているよね。赤岳鉱泉も温泉としては日本で2番目に高い位置にあるみたいだけど。
オオミネ	ほんとにアカギは温泉好きだよね。去年の夏山合宿でも下山後の旅館では温泉に入りまくってたからね。まあ，楽しみが多いことはいいことだよね。
イブキ	テントも含め，装備の準備は完璧だし，あとは当日を迎えるだけだね。
タニガワ	では，今年度の夏山合宿も頑張りましょう！

問1　会話文中の空欄 A には地形図の縮尺が入ります。地図Ⅱの地形図の縮尺を答えなさい。

（　　　　）

問2　会話文中の空欄 1〜4 にはそれぞれ地図Ⅱ中にある地名（山や峠の名前）が入ります。1〜4 にあてはまる適切な語句を，地図Ⅱ中から選び，それぞれ答えなさい。

　　1（　　　　）2（　　　　）3（　　　　）4（　　　　）

問3　会話文中の下線部①について，赤岳周辺において長野県に接している都道府県名を答えなさい。（　　　県）

問4　会話文中の下線部②について，地図Ⅱ中の太線で描かれた行者小屋―赤岳鉱泉間の地形断面図として正しいものを，次のア〜エの中から1つ選び，記号で答えなさい。ただし，高さは強調して表現しています。（　　　　）

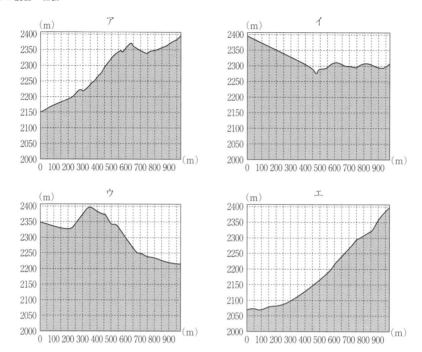

問5　会話文中の下線部③について，本沢温泉，赤岳鉱泉のほかに，温泉が湧出していると判断できるところはどこですか。地図Ⅱ中から1つ選び，その地名（施設名）を答えなさい。（　　　　）

3　≪地形図③≫　地形図に関する後の問いに答えなさい。　　　　　　　　　　　　（京都教大附高）

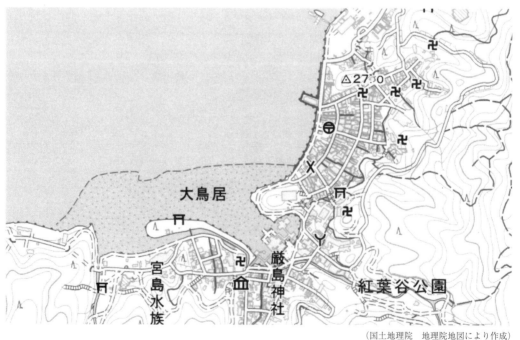

（国土地理院　地理院地図により作成）
（編集部注：原図を縮小しています。）

問1　図中の①～④の地図記号は何を表しているか答えなさい。

　　①（　　　　）②（　　　　）③（　　　　）④（　　　　）

　　①　　　　　　②　　　　　　③　　　　　　④

問2　次の雨温図は広島，鳥取，高知の県庁所在地のいずれかのものである。各都市と A～C の組合せとして正しいものを後のア～カのうちから１つ選び，記号で答えなさい。（　　　　）

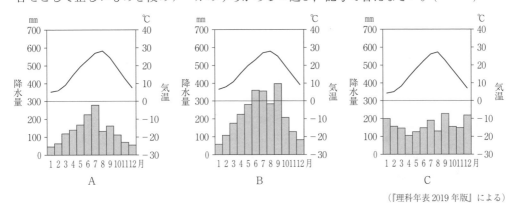

（『理科年表 2019 年版』による）

	ア	イ	ウ	エ	オ	カ
広島	A	A	B	B	C	C
鳥取	B	C	A	C	A	B
高知	C	B	C	A	B	A

問3　この地形図について述べた文として誤っているものを次のア～エのうちから１つ選び，記号で答えなさい。（　　　　）

ア．大鳥居周辺は広大な干潟になっており，干潮時と満潮時で景観が変化する。

イ．沿岸部は護岸され，土地利用は住宅地が中心で農地はみられない。

ウ．東部の台地は開発され，新しい住宅地が形成されている。

エ．等高線をみると紅葉谷公園は川の周辺の谷部に立地している。

§2. 各地域のようす

1 《北海道・中部》　明子さんのクラスでは，グループごとに日本の諸地域の1つを取り上げ，その地域に関係する1枚の写真をもとにその特徴をまとめることにしました。次のⅠ，Ⅱのカードは，生徒がまとめたものの一部です。これらを読み，〔問1〕～〔問6〕に答えなさい。　　（和歌山県）

Ⅰ 北海道地方	  ウポポイ	ⓐ北海道は，もともと先住民族であるアイヌの人々が住んでいた土地でした。明治時代になって，明治政府はこの地に，□□□□という役所を置き，移住者を多く集め，欧米のⓑ農業に学んで農耕地を広げました。それとともにアイヌの人々の土地を奪い，同化政策を進めました。現在，政府は法整備によりアイヌ文化の振興に取り組み，2020年にはアイヌ文化の復興・発展のための拠点としてウポポイ（民族共生象徴空間）を開設しました。
Ⅱ 中部地方	北陸の豪雪	中部地方の日本海側にある北陸は，ⓒ雪がひじょうに多く降る，世界有数の豪雪地帯です。雪は生活に困難を与えることも多いですが，人々はこの環境を工夫しながら乗り越えてきました。冬季に農家では，農作業が難しくなるため，副業が古くから発達し，ⓓ地場産業として現在まで受け継がれているものもあります。また，山岳地帯から豊富に供給される雪解け水は，ⓔ発電にも利用されています。

〔問1〕　文中の□□□□にあてはまる語を書きなさい。（　　　　）

〔問2〕　下線ⓐに関する説明として最も適切なものを，次のア～エの中から1つ選び，その記号を書きなさい。（　　　　）

ア　広大な平野には，日本で最大の流域面積をもつ河川が流れている。

イ　フォッサマグナとよばれる，南北に帯状に広がるみぞ状の地形がある。

ウ　中央部の平野には，かつて泥炭地とよばれる排水の悪いやせ地が広がっていた。

エ　南部には，シラスとよばれる古い火山の噴出物によってできた台地が広く分布している。

〔問3〕　下線ⓑに関し，北海道では，自然条件に応じて地域ごとに特色ある農業が展開されています。図1は，その特色別に4つの地域区分を表したものです。十勝平野を含む地域を，図1中のA～Dの中から1つ選び，その記号を書きなさい。また，その地域の農業の説明として最も適切なものを，次のア～ウの中から1つ選び，その記号を書きなさい。地域（　　　）　説明（　　　）

図1

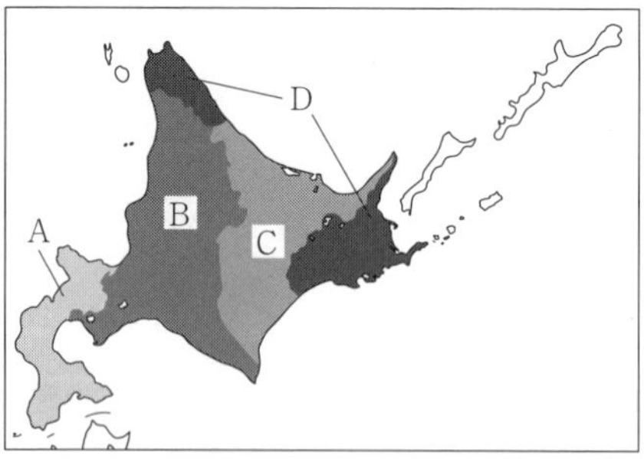

ア　稲作を中心に野菜・畑作などの農業

イ　畑作での輪作と酪農を中心とした農業

ウ　酪農を中心とした農業

〔問4〕　下線ⓒに関し，次の説明文は，日本海側の地域で冬に雪が多く降るしくみについて述べたものです。説明文中の□□□□にあてはまる内容を，簡潔に書きなさい。

（　　　　　　　　　　　　　　　　　　　　　　　　　　　　　　　　　　　　　　）

説明文

資料は，日本海側の地域で冬に雪が多く降るしくみを模式的に表したものです。大陸からふいてくる季節風が，日本海を渡るときに，□□□□□□，本州の山地にぶつかって，日本海側の地域に多くの雪を降らせます。

資料

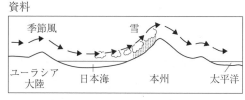

〔問5〕 下線ⓓに関し，製造技術が代々受け継がれている産業は伝統産業（伝統工業）といわれます。北陸の伝統産業（伝統工業）にあたるものを，次のア〜エの中から1つ選び，その記号を書きなさい。（　　　　）

ア　会津塗　　イ　西陣織　　ウ　南部鉄器　　エ　輪島塗
あいづぬり　　にしじんおり　　　なんぶてっき　　　わじまぬり

〔問6〕 下線ⓔに関し，図2は，日本の発電電力量の発電方法による内訳の推移を表したものです。図2中のⒶ〜Ⓒにあてはまる発電方法を，あとのア〜ウの中からそれぞれ1つ選び，その記号を書きなさい。Ⓐ（　　　　）Ⓑ（　　　　）Ⓒ（　　　　）

図2

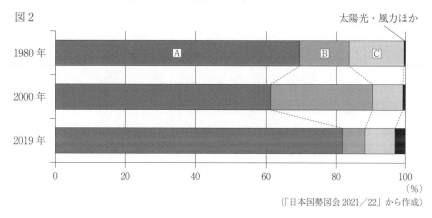

（「日本国勢図会2021／22」から作成）

ア　水力　　イ　火力　　ウ　原子力

2　《東北》　次の文章を読み，問1〜問8に答えなさい。　　　　　　　　　　　　（花園高）

東北地方は本州の北部に位置し，南北に長く広がっている。中央には（　1　）がはしり，太平洋側には北上高地や阿武隈高地が，日本海側には出羽山地や(ア)白神山地が広がっている。八甲田山や鳥海山，磐梯山などの火山が点在し，十和田湖のように(イ)火山の噴火でできた湖も見られる。火山の周辺には温泉も数多くあり，観光資源となっている。

南北につらなる山脈や山地の合間には，日本海と太平洋に向かって流れる河川によって，北上盆地や山形盆地，郡山盆地などの盆地が形成され，市街地が発展してきた。北上川の下流部の仙台平野や，最上川の下流部の（　2　）などは，広大な稲作地域となっている。

　東北地方の　a　では，おもに6月から8月にかけてふく冷たく湿った　b　風の影響を強く受けると，稲が十分に育たず，収穫量が減ってしまう冷害が起こることがある。特に1993年には多くの地域が冷害にみまわれ，東北地方が大きな被害を受けただけでなく，日本中が米不足で苦しんだ。この年をきっかけにして，冷害に強い品種の栽培が広がった。

　また，東北地方は果樹栽培がさかんである。山形県では，県中央部の山形盆地を中心に，夏の昼夜の気温差を生かして　c　や西洋なしが栽培されている。青森県では，津軽平野を中心に夏のすずしい気候を生かした　d　の栽培がさかんで，国内生産の半分以上を占めている。

　三陸海岸の沖合には，寒流の親潮と暖流の黒潮が出会う潮目があり，かつおや　e　，いわしなどたくさんの魚が集まる豊かな漁場となっている。リアス海岸が続く三陸海岸は，入り江が多く漁場に適しており，気仙沼や八戸など水あげ量の多い漁港が点在している。また，湾の内側は波がおだやかで，かきや　f　の養殖がさかんである。

　東北地方では，1970年代から1980年代にかけて高速道路や新幹線が整備されていくと，農業や漁業以外の産業を活発にするために，岩手県北上市や福島県郡山市などに工業団地がつくられ，電気機械のような，労働力を必要とする工場が誘致されるようになった。1990年代になると，岩手県から宮城県にかけての高速道路沿いに規模の大きな（　3　）工場が進出し，それに関連する部品工場も増えていった。また，2011年の東北地方太平洋沖地震（東日本大震災）による（　4　）の原子力発電所の事故をきっかけに，原子力発電にかわる新しいエネルギー源として，(ウ)風力や地熱，太陽光，バイオマスなど，再生可能エネルギーを活用する動きが活発になっている。

問1　（　1　）～（　4　）にあてはまるものをそれぞれ①～④より1つ選びなさい。

　　　1（　　　　）　2（　　　　）　3（　　　　）　4（　　　　）

　（　1　）　①　日高山脈　　②　奥羽山脈　　③　越後山脈　　④　木曽山脈

　（　2　）　①　石狩平野　　②　濃尾平野　　③　庄内平野　　④　出雲平野

　（　3　）　①　化学製品　　②　繊維　　③　自動車　　④　鉄鋼

　（　4　）　①　秋田県　　②　岩手県　　③　宮城県　　④　福島県

問2　下線部(ア)について，白神山地は世界自然遺産に登録されている。日本にある世界自然遺産として適当でないものを①～④より1つ選びなさい。（　　　　）

　　①　知床　　②　釧路湿原　　③　屋久島　　④　小笠原諸島

問3　下線部(イ)について，このような湖をカルデラ湖という。日本にあるカルデラ湖を①～④より1つ選びなさい。（　　　　）

　　①　洞爺湖　　②　サロマ湖　　③　諏訪湖　　④　琵琶湖

問4　　a　・　b　にあてはまる語句の組合せとして正しいものを①～④より1つ選びなさい。

（　　　　）

	①	②	③	④
a	太平洋側	太平洋側	日本海側	日本海側
b	北西	北東	北西	北東

問5 　□c□・□d□にあてはまる語句の組合せとして正しいものを①〜④より1つ選びなさい。
（　　　）

	①	②	③	④
c	さくらんぼ	さくらんぼ	みかん	みかん
d	ぶどう	りんご	ぶどう	りんご

問6 　□e□・□f□にあてはまる語句の組合せとして正しいものを①〜④より1つ選びなさい。
（　　　）

	①	②	③	④
e	たい	たい	さんま	さんま
f	わかめ	のり	わかめ	のり

問7 　下線部(ウ)について，風力発電がさかんな国とその国でおもに利用されている風の組合せとして正しいものを①〜④より1つ選びなさい。（　　　）

	①	②	③	④
国名	ドイツ	ドイツ	フランス	フランス
風	偏西風	貿易風	偏西風	貿易風

問8 　表1は，青森県・秋田県・宮城県・福島県の産業別人口の割合と製造品出荷額等をあらわしたものである。宮城県をあらわしたものを①〜④より1つ選びなさい。（　　　）

表1

	産業別人口			製造品出荷額等
	第1次産業（%）	第2次産業（%）	第3次産業（%）	
①	12.4	20.4	67.2	18,031 億円
②	4.5	23.4	72.1	46,912 億円
③	9.8	24.4	65.8	13,496 億円
④	6.7	30.6	62.6	52,812 億円

統計年次は，産業別人口は 2015 年。製造品出荷額等は 2018 年。

『2021／22 版　日本国勢図会』により作成。

3　≪近畿≫　次の文章を読んで，問1〜問9に答えなさい。　　　　　　　　（大阪薫英女高）

　近畿地方は，中国・四国地方の東に位置し，北は日本海，西は瀬戸内海，南は太平洋に面している。北部の若狭湾や東部の〈 ① 〉半島には，海外線が複雑に入り組んだリアス式海岸が見られる。南北の山地に囲まれた中央部は低地となっており，京都盆地や奈良盆地などの盆地，大阪平野や播磨平野などの平野が広がっている。これらの盆地や平野は人々の生活の場となり，古代から近畿地方の中心となってきた。近江盆地には，国内最大の湖，a琵琶湖があり「近畿の水がめ」とよばれている。ここから大阪湾へと流れる〈 ② 〉川をはじめとする水系は，流域の人々の生活用水として古くから利用されてきた。また，大阪湾と瀬戸内海を分ける淡路島は近畿地方で最も大きな島で，〈 ③ 〉大橋で本州と結ばれている。

　　b近畿地方の気候は，北部・南部・中央部で異なる。北部は，冬には北西からの季節風の影響で雪が多く，山沿いには多くのスキー場がある。一方，南部は，c暖流の影響で，紀伊半島の南東側では降水量が多く，d木材として利用するために人工的に樹木を育てる　e林業がさかんである。

　　大阪湾の臨海部とその周辺は，高度経済成長の時期からf阪神工業地帯の中心として日本の工業を支えてきた。また，〈　④　〉市や八尾市などの内陸部には中小企業の工場が数多く集まっている。これらの工場には歯ブラシのように生活にかかわりの深いものから新幹線の車両に使われるネジなど精密な部品をつくる工場もある。

問1　文中の〈　①　〉〜〈　④　〉にあてはまる語句をそれぞれ答えなさい。

　　　①(　　　　)　②(　　　　)　③(　　　　)　④(　　　　)

問2　文中の下線部aに関して，1970年代から人口や工場が増加して生活排水や工場排水によって水質が低下する問題が起こった。この環境問題に対する取り組みとして適当でないものを次の(ア)〜(エ)の中から1つ選び，記号で答えなさい。(　　　　)

　(ア)　水質改善のために湖岸にヨシを植える。

　(イ)　下水道を整備したり，工場排水を制限する。

　(ウ)　りんを含む合成洗剤を使用して水質改善につとめる。

　(エ)　琵琶湖周辺の水田で使う農薬を減らす。

問3　文中の下線部bに関して，次の雨温図は舞鶴・大阪・潮岬のいずれかのものである。このうち舞鶴はどれか，(ア)〜(ウ)の中から1つ選び，記号で答えなさい。(　　　　)

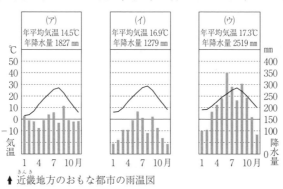

↑近畿地方のおもな都市の雨温図

〈理科年表平成30年，ほか〉

問4　文中の下線部cに関して，近畿地方南部を流れる海流を何というか，答えなさい。(　　　　)

問5　文中の下線部dに関して，日本の国土の約3分の2は森林であり，紀伊山地でも古くから林業が行われてきた。「三大美林」の一つにも数えられる三重県尾鷲の名産の樹木は何か，次の(ア)〜(エ)の中から1つ選び，記号で答えなさい。(　　　　)

　(ア)　ヒノキ　　(イ)　スギ　　(ウ)　ヒバ　　(エ)　マツ

問6　文中の下線部eに関して，現在の日本の林業がかかえる問題としてあてはまらないものを次の(ア)〜(エ)の中から1つ選び，記号で答えなさい。(　　　　)

　(ア)　管理や整備が行き届かずに荒れた森林が増えている。

　(イ)　林業の就業人口が減少し高齢化が進んでいる。

(ウ)　山地の急斜面での機械を使用した作業が困難である。

(エ)　高い価格の外国産木材の輸入が増加している。

問7　文中の下線部fに関して，阪神工業地帯の工業出荷額の内訳においてAにあてはまるものとして適当なものを後の(ア)～(ウ)の中から1つ選び，記号で答えなさい。（　　　）

1960 年 3.2 兆円	金属 26.6％	機械 26.7％	化学 9.1％	食料品 9.8％	A 12％	その他 15.8％

2015 年 32.1 兆円	金属 20.3％	機械 37.1％	化学 21％	食料品 11％	A 1％ その他 9.2％

(ア)　木材加工　　(イ)　繊維　　(ウ)　陶磁器

問8　住宅地不足を解消するため，千里・泉北・須磨に建設された住宅地のことを何というか，答えなさい。（　　　）

問9　六甲山地の土をけずって海を埋め立てポートアイランドや空港がつくられた都市は何市か，答えなさい。（　　　市）

4　≪中・四国≫　次の文章①～⑥を読んで，中国地方と四国地方に関する後の問いに答えなさい。

(明星高)

①　この県は，この地方で最大の面積をほこります。人口の多くが県の南部に居住し，政令指定都市に指定されている県庁所在地に県民の約4割の人口が集中しています。県の東部には，(a)本州四国連絡橋の1つが（　A　）市を起点にかかっています。

②　この県は，この地方で最も人口密度が低い県です。温暖な(b)気候を利用して野菜づくりがさかんに行われています。県の西部には，日本三大清流の1つである（　B　）川が流れています。一方，県の東部には海岸段丘が見られ，付近の海岸は国定公園に指定されています。

③　この県は，日本で最も人口が少ない県です。県の南部の山麓では，酪農がさかんに行われています。また県の西部では，(c)日本有数の漁獲量をほこる漁港が存在します。

④　この県は，(d)人口が最も多い都市が県庁所在地ではありません。県の中心部には(e)石灰岩の台地が広がっており，石灰石を利用してセメント工業がさかんに行われている都市があります。県の北部には，かつて松下村塾が置かれ，城下町が世界遺産に登録されている都市があり，多くの観光客が訪れています。

⑤　この県は，この地方で最も人口が多い県です。この県では斜面を利用して，(f)みかんの栽培がさかんに行われています。県の西部では，養殖業がさかんな都市が存在します。一方，県の東部では，かつて別子銅山を中心に銅の精錬が行われていました。

⑥　この県は，(g)ぶどうやももの栽培がさかんなことで有名です。政令指定都市に指定されている県庁所在地には，美しい庭園として知られる日本三名園の1つがあります。県庁所在地の西にはこの県で第2位の人口をほこり，石油化学コンビナートがみられる都市があります。

問1．文章中の（　A　）・（　B　）にあてはまる語句を答えなさい。

　　A（　　　）　B（　　　）

問2．下線部(a)について，この連絡橋に関する次の文a～cの正誤の組み合わせとして正しいもの
を，後のア～カから1つ選びなさい。（　　　）

a．この連絡橋の3つのルートには，文章①～⑥の県以外を通るルートがある。

b．この連絡橋の3つのルートのうち，うず潮がみられるルートには鉄道が通っている。

c．小豆島を経由するルートが完成したことで，中国地方と四国地方から小豆島への観光客が増
加した。

	ア	イ	ウ	エ	オ	カ
a	正	正	正	誤	誤	誤
b	正	誤	誤	正	正	誤
c	正	正	誤	正	誤	誤

問3．下線部(b)について，次の図Ⅰ～Ⅲは②・③・⑥のいずれかの県庁所在地の気温と降水量を示
したものです。Ⅰ～Ⅲと②・③・⑥との正しい組み合わせを，後のア～カから1つ選びなさい。

（　　　）

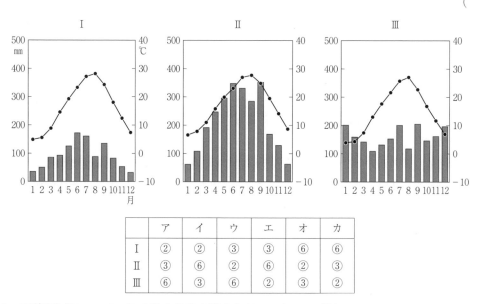

	ア	イ	ウ	エ	オ	カ
Ⅰ	②	②	③	③	⑥	⑥
Ⅱ	③	⑥	②	⑥	②	③
Ⅲ	⑥	③	⑥	②	③	②

問4．下線部(c)について，この港の名前を答えなさい。（　　　港）

問5．下線部(d)について，県庁所在地の人口がその県で最も多い都市を，次のア～エから1つ選び
なさい。（　　　）

ア．津市　　イ．静岡市　　ウ．前橋市　　エ．盛岡市

問6．下線部(e)について，石灰岩が二酸化炭素を含んだ雨水によって長い年月をかけて削られるこ
とでできた地形のことを何といいますか。カタカナで答えなさい。（　　　地形）

問7．下線部(f)・(g)について，次のグラフは日本の主な果実の生産量の推移を示したものであり，グ
ラフ中のK～Mは，みかん，ぶどう，りんごのいずれかです。K～Mと果物との正しい組み合わ
せを，後のア～カから1つ選びなさい。（　　　）

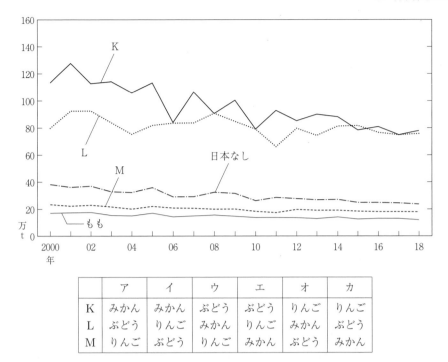

	ア	イ	ウ	エ	オ	カ
K	みかん	みかん	ぶどう	ぶどう	りんご	りんご
L	ぶどう	りんご	みかん	りんご	みかん	ぶどう
M	りんご	ぶどう	りんご	みかん	ぶどう	みかん

問8．文章①〜⑥に関して述べたa・bの文の下線部の正誤の組み合わせを，後のア〜エから1つ選びなさい。（　　　）

a．文章①〜⑥の県は，すべて海に面している。

b．文章①〜⑥の県のなかで，2番目に人口が多いのは文章⑥の県であり，人口密度も2番目に高い。

　ア．a―正　　　b―正　　　イ．a―正　　　b―誤　　　ウ．a―誤　　　b―正

　エ．a―誤　　　b―誤

問9．次の表P・Qは，②の県で栽培がさかんなピーマンとなすのいずれかの生産量を示したものであり，表中の あ・い は茨城県と宮崎県のいずれかです。ピーマンと宮崎県の正しい組み合わせを，右のア〜エから1つ選びなさい。（　　　）

	ア	イ	ウ	エ
ピーマン	P	P	Q	Q
宮崎県	あ	い	あ	い

P	%
②	13.1
熊本県	10.6
群馬県	8.6
福岡県	7.0
あ	5.5

Q	%
あ	23.8
い	18.9
②	9.6
鹿児島県	9.0
岩手県	5.4

（2018 年，農林水産省調べによる）

5 ≪九州≫　九州地方に関する以下の問(1)～(12)に答えなさい。
(京都成章高)

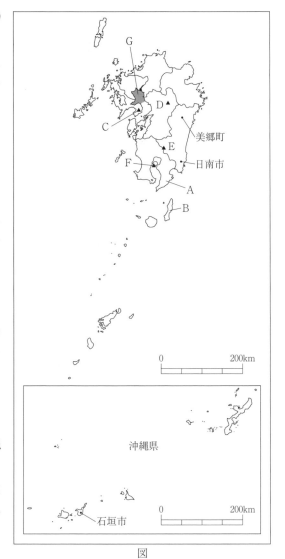

図

(1) 図に示したA半島とB島の名称の正しい組み合わせを，下の(ア)～(エ)から一つ選び，記号で答えなさい。（　　）

(ア) 大隅半島―種子島

(イ) 大隅半島―屋久島

(ウ) 薩摩半島―種子島

(エ) 薩摩半島―屋久島

(2) 図に示したC～Fの火山の名称として正しいものを，下の(ア)～(エ)から一つ選び，記号で答えなさい。（　　）

(ア) C―桜島　　　(イ) D―雲仙岳

(ウ) E―霧島山　　(エ) F―阿蘇山

(3) 図に示したGの海域の沿岸でみられるものを，下の(ア)～(エ)から一つ選び，記号で答えなさい。（　　）

(ア) サンゴ礁　　　(イ) マングローブ

(ウ) リアス海岸　　(エ) 干潟

(4) 次の表は，図に示した宮崎県日南市と沖縄県石垣市における月別の平均気温と降水量と日照時間を示したものである。表について述べた文として正しいものを，あとの(ア)～(エ)から一つ選び，記号で答えなさい。（　　）

	月別平均気温(℃)		月別降水量(mm)		月別日照時間(時間)	
	日南	石垣	日南	石垣	日南	石垣
1 月	8.9	18.9	83.9	135.0	169.3	84.7
2 月	10.0	19.4	132.5	124.0	151.5	91.3
3 月	12.9	20.9	193.2	134.4	161.1	118.1
4 月	16.9	23.4	236.7	146.9	166.7	130.3
5 月	20.6	25.9	247.6	190.7	167.3	164.3
6 月	23.4	28.4	564.7	208.2	109.3	212.9
7 月	27.2	29.6	310.4	142.3	188.8	261.0
8 月	27.8	29.4	230.8	249.8	202.4	232.9
9 月	25.3	28.2	307.1	259.7	154.9	189.9
10月	20.9	26.0	227.8	211.2	161.0	157.6
11月	15.9	23.6	137.0	138.1	154.0	115.3
12月	10.9	20.5	92.1	155.2	165.1	89.3

すべての数値は1991～2020年の30年間の平均値である。

気象庁ホームページのデータより作成

(ｱ)　2つの都市の最も暖かい月の平均気温と最も寒い月の平均気温の差を比較すると，日南市の
差は石垣市の差の2倍以上ある。

(ｲ)　2つの都市の月別降水量を比較すると，すべての月で石垣市の方が多い。

(ｳ)　2つの都市とも月別降水量の最も多い月が月別日照時間の最も短い月になっている。

(ｴ)　2つの都市とも月別平均気温の最も高い月が月別日照時間の最も長い月になっている。

(5)　次のL〜Nの円グラフは，肉牛，豚，鶏（ブロイラー）のいずれかの
飼育数の道県別割合を示したものである。L〜Nにあてはまる家畜の名
称の組み合わせとして正しいものを，右の(ｱ)〜(ｶ)から一つ選び，記号
で答えなさい。（　　　）

	L	M	N
(ｱ)	肉牛	豚	鶏
(ｲ)	肉牛	鶏	豚
(ｳ)	豚	肉牛	鶏
(ｴ)	豚	鶏	肉牛
(ｵ)	鶏	肉牛	豚
(ｶ)	鶏	豚	肉牛

L
北海道 20.5%
鹿児島 13.3%
宮崎 9.5%
熊本 5.2%
岩手 3.6%
その他 47.9%

M
宮崎 20.4%
鹿児島 20.2%
岩手 15.7%
青森 5.0%
北海道 3.6%
その他 35.1%

N
鹿児島 13.9%
宮崎 9.1%
北海道 7.6%
群馬 6.9%
千葉 6.6%
その他 55.9%

統計年次は，肉牛は2020年，豚と鶏は2019年。　　　　　「地理統計」より作成

(6)　九州地方の農業について述べた文として**適当でないもの**を，下の(ｱ)〜(ｴ)から一つ選び，記号で
答えなさい。（　　　）

(ｱ)　筑紫平野では，稲作が終わった後の水田で，小麦など米以外の作物を栽培する二毛作が行わ
れている。

(ｲ)　宮崎平野では，ビニールハウスを利用して野菜の出荷時期を早める促成栽培が行われている。

(ｳ)　九州南部に広がるシラス台地は，水はけがよいので古くから稲作がさかんである。

(ｴ)　沖縄県では，温暖な気候を生かしたサトウキビやパイナップルの栽培がさかんである。

(7)　九州地方の工業について述べた次のPとQのそれぞれの文の内容が正しければ正，誤っていれ
ば誤とするとき，PとQの正誤の組み合わせとして正しいものを，下の(ｱ)〜(ｴ)から一つ選び，記
号で答えなさい。（　　　）

P　明治時代に操業を開始した官営の八幡製鉄所は，筑豊炭田から産出する石炭を利用して鉄鋼
を生産していた。

Q　福岡県には大規模な自動車の組み立て工場が進出し，それに関連する部品工場も増えている。

　(ｱ)　P—正・Q—正　　　(ｲ)　P—正・Q—誤　　　(ｳ)　P—誤・Q—正　　　(ｴ)　P—誤・Q—誤

(8)　九州地方のエネルギーについて述べた文として**適当でないもの**を，下の(ｱ)〜(ｴ)から一つ選び，
記号で答えなさい。（　　　）

(ｱ)　九州地方は日照時間の長い地域であるため太陽光発電がさかんである。

(ｲ)　大分県には日本最大級の規模を誇る八丁原地熱発電所がある。

(ｳ)　鹿児島県の海岸には石油の備蓄基地がある。

(ｴ)　九州地方には原子力発電所がない。

(9)　次の2つの図は，図に示した宮崎県美郷町における1980年と2010年の人口ピラミッド（男女別年齢階級別人口構成）である。これらの図について述べた文として**適当でないもの**を，下の(ア)～(エ)から一つ選び，記号で答えなさい。（　　　　）

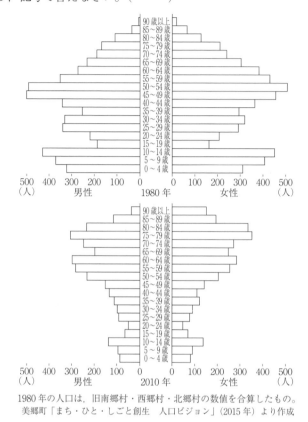

1980年の人口は，旧南郷村・西郷村・北郷村の数値を合算したもの。
美郷町「まち・ひと・しごと創生　人口ビジョン」（2015年）より作成

(ア)　両年次の70歳以上を比較すると，男女ともにすべての年齢層で1980年より2010年の人口のほうが多い。

(イ)　両年次の15～29歳を比較すると，2010年の人口は1980年の半数以下になっている。

(ウ)　1980年に最も人口が多い年齢層は，男女ともに30年後も最も人口が多い年齢層である。

(エ)　1980年に0～14歳であった年齢層の人口の変化をみると，30年後には半数以下になっている。

(10)　次の表は，九州，中国，四国，関東（東京都を除く），東北のいずれかの地方における人口上位5都市の人口を示したものである。九州地方にあてはまるものを，表中の(ア)～(オ)から一つ選び，記号で答えなさい。ただし表中の太字の数値は県庁所在都市の人口である。（　　　　）

	(ア)	(イ)	(ウ)	(エ)	(オ)
第1位	**375.4**	**155.4**	119.5	106.4	51.1
第2位	151.4	95.0	**70.8**	32.2	**42.7**
第3位	**131.4**	**73.3**	48.2	32.1	**32.7**
第4位	**97.2**	**60.2**	46.8	**30.7**	25.3
第5位	71.8	**47.8**	26.0	**28.8**	15.8

単位：万人　統計年次は2020年。　　　　　「地理統計」より作成

⑾　沖縄県について述べた文として**適当でないもの**を，下の㋐～㋓から一つ選び，記号で答えなさい。（　　　）

　㋐　かつて沖縄に栄えていた琉球王国の文化が現在も受け継がれており，貴重な観光資源になっている。

　㋑　沖縄島の約15％の土地がアメリカ軍の専用施設に使われており，市街地に隣接して軍用機が離着陸している基地がある。

　㋒　産業の中心は農業と漁業であり，日本全国の平均と比較すると第1次産業人口割合は高く，第3次産業人口割合は低い。

　㋓　リゾートの開発によって土砂が海に流れ出すなど，様々な要因によりサンゴが死滅する問題が生じている。

⑿　2011年3月に福岡市の博多駅から鹿児島中央駅を結ぶ九州新幹線の全線が開業した。次の表は，2008年度と2018年度における福岡空港と鹿児島空港と那覇空港の間の飛行機による移動客数を示したものである。表中のX～Zにあてはまる空港名の正しい組み合わせを，右の㋐～㋕から一つ選び，記号で答えなさい。

（　　　）

	X	Y	Z
㋐	福岡	鹿児島	那覇
㋑	福岡	那覇	鹿児島
㋒	鹿児島	福岡	那覇
㋓	鹿児島	那覇	福岡
㋔	那覇	福岡	鹿児島
㋕	那覇	鹿児島	福岡

2008年度

出発空港 ＼ 到着空港	X	Y	Z
X		668010	88623
Y	669434		91007
Z	89224	91608	

2018年度

出発空港 ＼ 到着空港	X	Y	Z
X		939574	87806
Y	939524		9028
Z	89724	8795	

単位：人　不定期航空便の旅客を除く。
国土交通省「航空輸送統計調査」より作成

6　≪餅で見る日本各地≫　日本の食文化は東日本と西日本とで大きく異なります。東西で異なる「餅」の形に関する次の文章を読んで，各問いに答えなさい。

（東山高）

　餅の形は日本の東西で異なり，その境目は岐阜県の関ヶ原辺りになります。関ヶ原より東は角餅，西は丸餅が一般的です。その境界線上に位置する①岐阜県・石川県・福井県・三重県・②和歌山県の5県では，どちらも使われている地域もみられます。

　日本の餅はもともと丸い形をしていましたが，江戸時代に平たく伸ばした餅を切り分ける方法が生みだされ，これが角餅となったという説があります。角餅は運搬に便利なことから，③江戸から徐々に広まっていったとされています。

例外として，北前船が運んできた④京都文化の影響が強い山形県庄内地方と，つきたての餅を年間 60 日以上食べる習慣のある岩手県一関市は，丸餅が主流になっています。また，⑤高知県［土佐］と鹿児島県［薩摩］には，藩主の山内氏・島津氏が長く江戸に留まっていたとされることから，角餅を使う地域もみられます。

問1．下線部①について，右の地図は岐阜県・石川県・福井県を含む中部地方を示したものです。地図を見て，各問いに答えなさい。

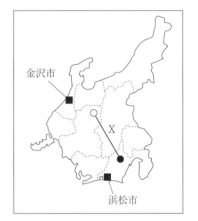

(1) 次の図は，右の地図中の線 X の断面を示したものです。図中の空欄 □□□ にあてはまる山脈名を答えなさい。（　　　　　）

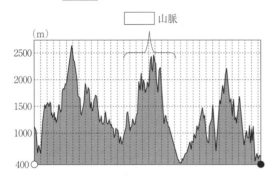

(2) 右の表は，地図中の金沢市と浜松市の 12 月の平均降水量を示したものです。浜松市に比べて，金沢市の 12 月の平均降水量が多くなる理由として正しいものを次のア〜エより一つ選び，記号で答えなさい。

（　　　）

	12月の平均降水量
金沢市	282.1
浜松市	52.3

［2021 データブック　オブ・ザ・ワールドより，表中の数値は mm］

ア．北西から湿気をふくんだ冷たい季節風が吹くため。
イ．北東から湿気をふくんだ冷たい季節風が吹くため。
ウ．北西から湿気をふくんだ冷たいやませが吹くため。
エ．北東から湿気をふくんだ冷たいやませが吹くため。

問2．下線部②について，太平洋ベルトのほぼ中央に位置する阪神工業地帯は，大阪府と兵庫県を中心として和歌山県にまで広がっています。次の図は，阪神・中京・京浜工業地帯における製造品出荷額の構成を示したものです。図中の A〜C にあてはまる製造品目の正しい組合せをあとのア〜エより一つ選び，記号で答えなさい。（　　　　　）

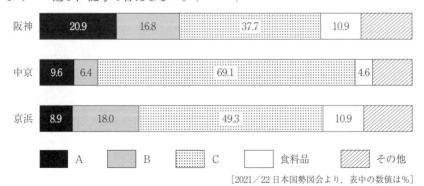

［2021／22 日本国勢図会より，表中の数値は％］

ア．A：化学　　　B：機械　　　C：金属　　　イ．A：化学　　　B：金属　　　C：機械

ウ．A：機械　　　B：金属　　　C：化学　　　エ．A：金属　　　B：化学　　　C：機械

問3．下線部③について，東京の旧名である「江戸」は，現在の東京都千代田区を中心とする地域
　　を指します。千代田区には，国会議事堂や最高裁判所などの主要政府機関や，大企業の本社が集
　　中しています。次の表は，東京都の千代田区・新宿区・練馬区・八王子市における人口と昼夜間
　　人口比率を示したものです。下の地図を参考にして，千代田区として正しいものを表中のア～エ
　　より一つ選び，記号で答えなさい。（　　　　）

　　＊昼間人口÷常住人口× 100

	人口（人）	昼夜間 人口比率
ア	739,435	83.8
イ	562,480	99.8
ウ	348,452	232.5
エ	65,942	1,460.6

［2021／22 日本国勢図会・2021 データブック　オブ・ザ・ワールドより］

問4．下線部④について，京都では古い歴史を背景として発達した伝統文化や景観が，重要な観光
　　資源として生かされています。京都市が進める京都の文化や景観を守るための取組に関する次の
　　文Ⅰ・Ⅱを読んで，Ⅰ・Ⅱとも正文であればア，Ⅰのみ正文であればイ，Ⅱのみ正文であればウ，
　　Ⅰ・Ⅱとも誤文であればエと答えなさい。（　　　　）

Ⅰ．周囲の歴史的な街並みや自然景観と調和するように建物の形や色を工夫しており，ファスト
　　フード店やコンビニエンスストアの看板には，鮮やかな色が使用されていることが多い。

Ⅱ．歴史的な街並みを保存するために，建物の高さや大きさの規制を強化するだけでなく，指定さ
　　れた地域で建物の外観を修理するとき，市が定めたきまりに従った場合は補助金が支給される。

問5．下線部⑤について，高知県の農業に関する次の文章を読んで，各問いに答えなさい。

　　高知県は四国南部を占め，北に四国山脈をいただき南に太平洋をひかえた扇状の地形をなし，
　　その面積は四国の 38 ％に及ぶ広大な地域を占めています。

　　自然豊かな高知県では農業が盛んに行われています。温暖な気候を利用して，ビニールハウス
　　による野菜や花卉の栽培も盛んで「園芸王国」と称され，ビニールハウスでの野菜の栽培は全国
　　にその名を誇ります。なすは国内第1位，ピーマンは茨城県，□□□□県に次いで国内第3位の生
　　産量となっています。

(1)　波線部について，ビニールハウスや温室を利用して通常よりも早い時期に収穫・出荷し，商
　　品価値を高めるための栽培方法を何というか，答えなさい。（　　　　）

(2)　空欄□□□□にあてはまる県として正しいものを次のア～エより一つ選び，記号で答えなさ
　　い。なお，地図の縮尺は同一ではありません。（　　　　）

7 ≪都道府県の特徴①≫　次の地図を見て，後の問いに答えなさい。　　　　　　（上宮太子高）

問1　地図中 A の都道府県は，わが国で農業産出額が最も高い都道府県として知られています。わが国では，さまざまな種類の農畜産物が全国的に盛んに生産されています。次の図ア～エは，米，野菜，果実，畜産物の産出額が多い 10 の都道府県を示しています。野菜の産出額として正しいものを，次のア～エから 1 つ選んで，記号で答えなさい。（　　　　）

ウ　　　　　　　　　　エ

問2　地図中Bの都道府県の説明として正しいものを，次のア～エから1つ選んで，記号で答えなさい。（　　　）

ア　関東地方へ流れる河川の源流となる，わが国で2番目に大きい湖があることで知られている。東部には，国内有数の石油化学コンビナートが建設され，大規模な工業地域がある。

イ　北部には標高1500mを超える山々が連なり，それらから流れ出る複数の河川が関東平野を形成している。南部の平野では，いちごの栽培が盛んに行われており，わが国最大の生産量を誇る。

ウ　北部から西部にかけて山岳地帯が連なるため，夏はフェーン現象によって，県内の都市では気温が40℃前後まで上昇することがある。明治時代に富岡製糸場が建てられて以降，今でも伝統的な繊維工業が行われている。

エ　西部には丘陵地帯がみられるが，それ以外の地域は平地となり，人口がわが国で5番目に多いことで知られている。北部には豊かな農地が広がり，首都圏への立地を生かした都市向けの野菜の栽培が盛んに行われている。

問3　地図中Cの都道府県について，右の地図は，地図中Cとその周辺に流れる「木曽三川」を示しています。これについて，次の問いに答えなさい。

(1)　図中①～③の河川名の組み合わせとして正しいものを，次のア～カから1つ選んで，記号で答えなさい。（　　　）

ア　①―木曽川　　②―長良川　　③―揖斐川

イ　①―木曽川　　②―揖斐川　　③―長良川

ウ　①―長良川　　②―木曽川　　③―揖斐川

エ　①―長良川　　②―揖斐川　　③―木曽川

オ　①―揖斐川　　②―木曽川　　③―長良川

カ　①―揖斐川　　②―長良川　　③―木曽川

(2)　木曽三川の下流では，上流から運ばれてきた土砂が，河口付近で堆積を繰り返して形成された平らな地形がみられ，おもに水田や集落として利用されています。この地形名を何といいますか。答えなさい。（　　　）

(3)　次の図は，木曽三川の河口部に位置する三重県桑名市が発行している地図を示しています。この地図には，風水害等により洪水や高潮による浸水の想定区域や土砂災害警戒区域，避難所の場所などが記されています。このような地図を何といいますか。カタカナで答えなさい。

（　　　　　）

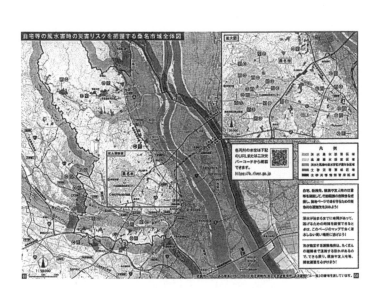

問4　地図中Dの都道府県は，わが国で人口が3番目に多い都道府県です。1950年代以降，人口の急増に対応するために，地図中Dの北部や南部などの郊外の各地で，新たに住宅地が建設されました。これについて述べた文章A・Bの正誤の組合せとして正しいものを，下のア～エから1つ選んで，記号で答えなさい。（　　　　　）

A　この頃に建設された住宅地は「ニュータウン」と呼ばれ，大規模な区画整理事業によって，たくさんの団地が建てられた。

B　再開発や住宅の建て替えが進められた結果，現在では，若い人が多く集まる住宅地として発展し続けている。

　ア　A―正　　B―正　　イ　A―正　　B―誤　　ウ　A―誤　　B―正

　エ　A―誤　　B―誤

問5　地図中Eの都道府県は，瀬戸内工業地域の一翼を担っています。瀬戸内工業地域の特徴について述べたものとして正しいものを，次のア～エから1つ選んで，記号で答えなさい。（　　　　　）

　ア　かつては繊維工業が盛んに行われていたが，現在では自動車工業を中心とする輸送機械の生産が盛んで，工業出荷額はわが国最大となっている。臨海部では重化学工業が発達しているほか，伝統的な窯業が行われている。

　イ　明治時代以降，軽工業，重化学工業が盛んに行われた。沿岸部の埋立地では，鉄鋼や石油化学などの大工場が建設されている。平野部には優れた技術やアイデアをもつ中小企業が多く，世界的なシェアを誇る工場もある。

　ウ　臨海部に重化学工業が盛んな工業都市がならんでいる。関連工場がたがいにパイプラインで結ばれた石油化学コンビナートがいくつも建設されている。また，鉄鋼や造船，自動車工業も盛んに行われている。

エ　2つの工業地帯に挟まれた沿岸部に工業都市が立地している。かつては自動車の部品の生産や食品加工業が盛んだったが，近年は，オートバイや楽器などの生産のほか，豊富な水を生かした製紙・パルプ業が発達している。

問6　地図中Fの都道府県には，昨年（2021年）8月に開かれた「第44回世界遺産委員会」でユネスコの世界遺産に登録された地域があります。わが国で昨年にユネスコ世界遺産に登録されたものの組み合わせとして正しいものを，次のア～エから1つ選んで，記号で答えなさい。（　　　）

ア　「奄美大島，徳之島，沖縄島北部及び西表島」・「百舌鳥・古市古墳群」

イ　「奄美大島，徳之島，沖縄島北部及び西表島」・「北海道・北東北の縄文遺跡群」

ウ　「琉球王国のグスク及び関連遺産群」・「北海道・北東北の縄文遺跡群」

エ　「琉球王国のグスク及び関連遺産群」・「百舌鳥・古市古墳群」

問7　地図中A～Fの都道府県で，都道府県名と県庁所在地名が一致しないものを，地図中A～Fから**すべて**選んで，記号で答えなさい。（　　　）

問8　右の雨温図は，地図中ア～エのいずれかの都市のものです。この雨温図にあてはまる都市を，地図中ア～エから1つ選んで，記号で答えなさい。（　　　）

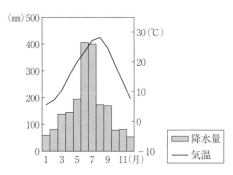

8　≪都道府県の特徴②≫　次の【図】A～Dは日本列島を各都道府県の形に切り分けたものである。これについて，後の各問いに答えなさい。　　　　　　　　　　　（金光大阪高）

【図】

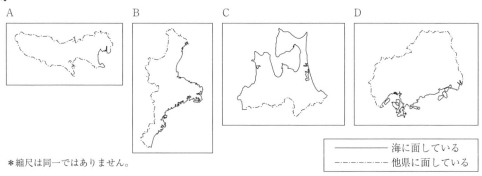

A　　　　　　　　B　　　　　　　　C　　　　　　　　D

―――――　海に面している
―・―・―・―　他県に面している

＊縮尺は同一ではありません。

⑴　Aについて，次の問いに答えなさい。

①　Aに属する，世界自然遺産にあてはまるものを次のア～エより1つ選び，記号で答えなさい。

（　　　）

ア．屋久島　　イ．佐渡島　　ウ．歯舞群島　　エ．小笠原諸島

②　Aなどの大都市の中心部で見られる，冷暖房などの排熱によって，周辺部よりも気温が高くなる現象を答えなさい。（　　　）

(2) Bについて，次の問いに答えなさい。

①　Bに属する志摩半島に見られる出入りの複雑な海岸地形を何というか答えなさい。（　　　　）

②　Bに関する次の文章を読んで，あてはまるものを次のア～エより1つ選び，記号で答えなさい。（　　　）

ア．1998年に，本州四国連絡橋の一つである明石海峡大橋が開通した。

イ．1970年代に，中心部の住宅不足解消のため，周辺の山をけずり千里や泉北にニュータウンを建設した。

ウ．太平洋に面する場所にある尾鷲市は，全国有数の多雨地帯である。

エ．濃尾平野西部の木曽川・長良川・揖斐川の下流域に，水害を防ぐため堤防で囲まれた輪中がある。

(3) Cについて，次の問いに答えなさい。

①　Cの南部から約500kmにわたり南北に連なる山脈を何というか答えなさい。（　　　　）

②　Cに関する次の文章ア・イを読んで，正誤の組み合わせとして正しいものを後の(a)～(d)より1つ選び，記号で答えなさい。（　　　）

ア．県庁所在地は弘前市である。

イ．南部鉄器が伝統工芸品として指定されている。

(a)　ア：正　　イ：正　　(b)　ア：正　　イ：誤　　(c)　ア：誤　　イ：正

(d)　ア：誤　　イ：誤

(4) Dについて，次の問いに答えなさい。

①　Dの県庁所在地は，その地域の政治・経済の中心となっている都市で，政府の出先機関や大企業の支社が集まっている。このような都市を何というか答えなさい。（　　　　）

②　Dの漁業では，牡蠣（かき）を人工的にふ化させた稚貝を，生けすなどで育て，大きくなってから出荷している。このような漁業を次のア～エより1つ選び，記号で答えなさい。

（　　　）

ア．養殖漁業　　イ．沖合漁業　　ウ．遠洋漁業　　エ．栽培漁業

(5)　次の【資料1】のア～エは，【図】A～Dのデータである。A・Cの都道府県にあてはまるデータを次のア～エよりそれぞれ選び，記号で答えなさい。A（　　　）　C（　　　）

【資料1】

記号	面積 (km²)	人口 (千人)	農業産出額 (億円)	海面漁業漁獲量 (百t)	工業製品出荷額 (億円)	主要生産物
ア	9,646	1,263	3,103	1,025	18,318	にんにく
イ	2,194	13,822	274	406	80,843	オフセット印刷物
ウ	8,480	2,817	1,237	161	100,064	レモン
エ	5,774	1,791	1,122	1,547	99,493	液晶パネル

（日本国勢図会　2019／2020）

4 各時代の歴史

§1．原始・古代〜近世の歴史

1 ≪旧石器〜古墳≫　次の文章を読み，以下の問いに答えなさい。　　　　　（大阪体育大学浪商高）

　　第二次世界大戦前，日本列島には旧石器時代は存在しないと考えられていた。しかし，戦後，a旧石器文化の存在が確認された。現在まで，各地で数多くの旧石器時代の遺跡が見つかっており，数万年以前から日本列島に人々が簡単な小屋や岩陰などに住みながら獲物を求めて移動し，火を使って生活していたことがわかってきた。今から1万年ほど前に氷期がおわり，氷が解けて海水面が上昇し，現在の日本列島の姿がほぼできあがった。このころから，土器を用いた文化が誕生した。これは木の実などを煮て食べるために考え出されたもので，b人々の生活はしだいに変化し，この時代のことを縄文時代と呼んだ。その後紀元前4世紀頃に大陸から九州北部に伝わったc稲作が，やがて東日本にまで広がった。その結果，人々の生活は大きく変化し，社会のしくみも新しくなった。また，このころより小さな国々ができ，人々を支配する有力者も現れた。この時期は弥生時代と呼ばれ，d中国の歴史書にも当時のようすが記されている。3世紀後半になると，近畿地方に大王を中心に有力な豪族で構成するヤマト政権が誕生した。大王や豪族の墓として大きなe古墳が造られ，ヤマト政権の力が大きくなるにつれて，全国の豪族もそろって前方後円墳などの古墳を造るようになった。5世紀には，前方後円墳の分布から，大王はとてもf広い勢力範囲で各地の豪族を従えたことがわかる。一方で，宋の歴史書である宋書には，同じころg倭の王（倭の五王）としての地位と朝鮮半島南部の軍事的な勢力を中国の皇帝に認めてもらおうとして，何度も使いを送ったことが記されている。

問1．下線部aについて，石器が見つかりましたが，その遺跡を次のア〜エから1つ選び記号で答えなさい。（　　　）

　ア．三内丸山遺跡　　イ．吉野ヶ里遺跡　　ウ．岩宿遺跡　　エ．大仙陵古墳

問2．下線部bについて，当時の人々の生活を正しく述べた文を，次のア〜エから1つ選び記号で答えなさい。（　　　）

　ア．マンモスやナウマンゾウなどの大型の動物の狩りが中心であった。

　イ．農耕や牧畜はあまり発達しなかったが，海岸や水辺には，動物の骨や貝殻を捨てた貝塚ができた。

　ウ．農耕や牧畜が発達し，人々が食料を計画的に生産してたくわえるようになった。

　エ．大陸文化を伝えた渡来人との交流が深まった。

問3．下線部cについて，この時代の稲作について正しく述べた文を，次のア〜エから1つ選び記号で答えなさい。（　　　）

　ア．石包丁を使って，稲の穂を刈りとった。

　イ．金属器が大陸から伝わり，木製の農具は使用されなくなった。

ウ．二毛作が広がり，収穫がめざましく増加した。

エ．ききんに強い農作物や新たな品種の栽培が進んだ。

問4．下線部dについて，邪馬台国の女王卑弥呼について書かれた中国の歴史書はどれですか。次のア〜エから1つ選び記号で答えなさい。（　　　）

　　ア．魏志倭人伝　　イ．東方見聞録　　ウ．後漢書　　エ．漢書

問5．下線部eについて，古墳に並べられた素焼きの焼き物はなんですか。次のア〜エから1つ選び記号で答えなさい。（　　　）

　　ア．土偶　　イ．埴輪　　ウ．銅鐸　　エ．和同開珎

問6．下線部fについて，この頃のヤマト政権の支配する勢力範囲で，正しいものを次のア〜エから1つ選び記号で答えなさい。（　　　）

　　ア．九州地方から四国地方　　イ．四国地方から近畿地方　　ウ．九州地方から東北地方南部

　　エ．中部地方から北海道地方

問7．下線部gについて，宋書において倭の五王として伝わっている人物の正しい組み合わせを次のア〜エから1つ選び記号で答えなさい。（　　　）

　　ア．讃（聖徳太子）　　イ．珍（天智天皇）　　ウ．興（聖武天皇）　　エ．武（ワカタケル大王）

2　≪飛鳥≫　次の問いに答えなさい。　　　　　　　　　　　　　　　　（精華高）

年代	できごと
4〜5世紀	ヤマト王権の全国統一が進む
581年	隋が建国される
	高句麗・百済が隋に使節を送る
589年	隋，中国を統一
593年	（　①　），摂政となる……A
594年	隋と高句麗対立（〜614年）
603年	家柄にとらわれず，有能な人を役人に用いる……B
604年	仏教や儒教の考え方を取り入れた，役人の心得を示す……C
607年	隋に使節を送る……D
	（　②　）を建立（世界最古の木造建築）
618年	隋が滅びる……E
645年	（　③　）を倒して政治改革に着手……F
663年	唐・（　④　）の連合軍と戦う……G
672年	（　⑤　）天皇の跡継ぎをめぐる戦いが起こる……H

問1　（　①　）〜（　⑤　）に適する語を次の語群から選び，記号で答えなさい。

　　①（　　　）②（　　　）③（　　　）④（　　　）⑤（　　　）

　　ア．卑弥呼　　イ．蘇我氏　　ウ．百済　　エ．物部氏　　オ．聖徳太子　　カ．新羅

　　キ．天智　　ク．法隆寺　　ケ．持統　　コ．東大寺

問2　年表中Aについて，（　①　）の人物が摂政となって助けた天皇を答えなさい。（　　　　天皇）

問3　年表中Bの制度を漢字で答えなさい。（　　　　）

問4　年表中Cの憲法を答えなさい。（　　　　）

問5　年表中Dについて，この使節を答えなさい。また，使節として送られた人物を答えなさい。

　　使節（　　　　）　人物（　　　　）

問6　年表中Eについて，隋にかわって中国を統一した王朝を答えなさい。（　　　　）

問7　年表中Fについて，この改革を答えなさい。また，（　③　）を倒した2名の中心人物を答えな

　　さい。改革（　　　　）　人物（　　　　）（　　　　）

問8　年表中Gの戦いを答えなさい。（　　　　）

問9　年表中Hについて，この戦いを何といいますか。また，この戦いに勝利し，即位した天皇を

　　答えなさい。（　　　　）（　　　　天皇）

3　《奈良～平安》　奈良は，3世紀後半に大和政権が成立して以来，約500年間，日本の政治や文化
の中心地として栄えた。1998年には，以下の奈良県内8つの「古都奈良の文化財」が，世界文化遺
産に登録されている。この世界文化遺産に関わる次の各文を読んで，（　①　）（　②　）にあてはまる
語句を答えなさい。また，下線部について，あとの設問に答えなさい。　　　　　　　　　（天理高）

　　①（　　　　）　②（　　　　）

＊平城宮跡：A 日本の都として発展したB 平城京の中心地の遺構

＊薬師寺：C 天武天皇が皇后の病気の回復を願って建てた寺院

＊D 東大寺：（　①　）天皇が仏教の力によって国を守ろうと考え建てた寺院

＊（　②　）寺：E 唐から渡来した鑑真が，戒律を学ぶ修行の場として建てた寺院

＊元興寺：F 蘇我馬子が飛鳥に建てた法興寺を，平城京遷都に伴い京内に移した寺院

＊興福寺：G 藤原氏のゆかりの寺院であり，不比等により現在の場所に移された

＊春日大社：平城京の守護と国の繁栄を祈願するために建てられた神社

＊春日山原始林：春日大社の神域として，H 平安時代から伐採が禁止されている原始林

問1．下線部Aについて，平城京に都がうつされるまで，現在の奈良県橿原市にあった都の名称を

　　答えなさい。（　　　京）

問2．下線部Bについて，平城京がつくられる際にならったとされる，唐の都がおかれていた都市

　　名を答えなさい。（　　　　）

問3．下線部Cについて，天武天皇が即位するにあたり，672年におこった大友皇子との皇位をめ

　　ぐる争いを何というか答えなさい。（　　　の乱）

問4．下線部Dについて，東大寺正倉院には，ヨーロッパから中国を経て，奈良にもたらされた

　　品々が保管されている。そのことをあらわしている次の文の（　　　）にあてはまる語句を答えな

　　さい。（　　　　）

　　「奈良は（　　　　）ロードの終着点」

問5．下線部Eについて，奈良時代に唐へ渡った人物を，次のア～エから1つ選び，記号で答えな

　　さい。（　　　　）

　　ア．阿倍仲麻呂　　イ．行基　　ウ．大伴家持　　エ．坂上田村麻呂

問6．下線部Fについて，蘇我馬子が活躍した飛鳥時代のできごととして誤っているものを，次の
ア～エから1つ選んで，記号で答えなさい。（　　　）

ア．冠位十二階を制定し，朝廷内の役人の序列を示した。

イ．小野妹子を遣隋使として派遣し，隋の文化が取り入れられた。

ウ．仏教を広めるため，法隆寺など多くの寺院がつくられた。

エ．神話や伝承をもとにした記録書である『古事記』がつくられた。

問7．下線部Gについて，次の和歌は，平安時代に権力を握った藤原道長が詠んだものとされてい
る。（　　　）にあてはまる語句を漢字二字で答えなさい。（　　　）

> この世をば　わが世とぞ思う　（　　　）の
> 　　　　　　　　欠けたることも　無しと思えば
>
> 『小右記』

問8．下線部Hについて，平安時代のできごととして正しいものを，次のア～エから1つ選んで，
記号で答えなさい。（　　　）

ア．和歌が盛んに詠まれるようになり，『万葉集』がつくられた。

イ．墾田永年私財法が出され，新しく開墾した土地の私有が認められた。

ウ．仮名文字がつくられ，『古今和歌集』が編さんされた。

エ．大宝律令が定められ，律令に基づく政治が行われるようになった。

4　《鎌倉》　壬生くんは授業で「鎌倉幕府の成立年は1192年以外にも諸説ある」という話を聞き，
有力と思われた2つの説について情報をまとめた。壬生くんがまとめた2枚のカードを見て，あと
の問い(1)・(2)に答えなさい。　　　　　　　　　　　　　　　　　　　　　　　　（京都両洋高）

1185年説
この年に（　A　）このことが，鎌倉幕府の始まりの根拠となっている。

1192年説
この年に源頼朝が（　B　）に任命された。このことが，鎌倉幕府の始まりの根拠となっている。

(1)　空欄（　A　）に入る文章（a・b）と，その説明（c～f）の正しい組み合わせを，㋐～㋑より1つ
選び，記号で答えなさい。（　　　）

（　A　）

　a：国ごとに守護を，荘園，公領ごとに地頭を置く権限を朝廷に認められた。

　b：平家を壇ノ浦の戦いで滅ぼした。

〈説明〉

　c：全国に設置された地頭が荘園や公領の農民から年貢を取り立て，頼朝に献上する仕組みが
　　できた。

　d：守護や地頭に任命された武士は頼朝の家来であり，この主従関係をもとに各地の住民を支
　　配する仕組みができた。

　e：平家を滅ぼすことで，頼朝に敵対する勢力はいなくなり，東北から九州までの全ての地域

を支配下に置くようになった。

　f：平家を滅ぼした際，平家に味方した皇族や貴族から土地を取り上げて東国の武士に与え，西
　　国へも影響力を及ぼすようになった。

　　（あ）　a と c　　（い）　a と d　　（う）　b と e　　（え）　b と f

(2)　空欄（ B ）に入る語句を漢字 5 文字で答えなさい。⬚⬚⬚⬚⬚

5　《中・近世の人物》　次の人物Ⅰ～Ⅴについて，後の問いに答えなさい。　　　　（関西大学北陽高）

Ⅰ　　　　　　　　　　　Ⅱ　　　　　　　　　　　Ⅲ

Ⅳ　　　　　　　　　　　Ⅴ

問1　Ⅰと日本との関係について，次の図を見て，後の各問いに答えなさい。

(1)　これは元軍と戦う御家人の様子を描いたものである。この戦いのときの鎌倉幕府の執権は誰
　　か。次の(ア)～(エ)から 1 つ選び，記号で答えなさい。（　　　　）

　　(ア)　北条高時　　(イ)　北条貞時　　(ウ)　北条時宗　　(エ)　北条時政

(2)　この戦いのあとの出来事として正しいものを次の(ア)～(エ)から 1 つ選び，記号で答えなさい。
　　　　　　　　　　　　　　　　　　　　　　　　　　　　　　　　　　（　　　　）

　　(ア)　承久の乱がおこった。　　　　　　(イ)　永仁の徳政令が出された。

　　(ウ)　全国に守護と地頭が設置された。　　(エ)　奥州藤原氏が滅んだ。

問2　Ⅱは16世紀に茶道を大成した。16世紀の文化に最も関係の深いものを次の(ア)～(エ)から 1 つ
　　選び，記号で答えなさい。（　　　　）

(ア)

(イ)

(ウ)

(エ)

問3　Ⅲはキリスト教を伝えるために日本へやってきた。主にどこで布教活動を行ったか。次の(ア)
　　　～(エ)から1つ選び，記号で答えなさい。（　　　　）

　　　(ア)　東北地方　　　(イ)　中部地方　　　(ウ)　九州地方　　　(エ)　関東地方

問4　Ⅳは倭寇と正式な貿易船との区別をつけるために，中国との正式な貿易船に証明書を持たせ
　　　て貿易していた。この貿易を何というか。**漢字4文字**で答えなさい。□□□□

問5　Ⅴは戦国時代に天下統一を目指した。この人物が行った次の(ア)～(エ)の出来事を時期の古いも
　　　のから順に記号で並べ替えなさい。（　　　→　　　→　　　→　　　）

　　　(ア)　足利義昭を援助し，京都へ上洛した。　　　(イ)　長篠の戦いで武田勝頼を破った。

　　　(ウ)　桶狭間の戦いで今川義元を破った。　　　(エ)　比叡山延暦寺を焼き討ちにした。

6　≪安土桃山≫　次の文章を読み，あとの各問に答えなさい。　　　　　　　　（大商学園高）

> 「私たちは，相手に敬意を示す時には帽子を取って立ち上がるが，日本人は反対に履物を脱い
> で座るのであり，立って迎える事はひどい無礼であると考えている。日本人は全員が一つの言
> 葉を話すが相手の人物の階級に応じて言葉の使い分けをしなければならない。」
> 　「国民は有能で，子どもたちは私たちの学問や規律をよく学びとり，ヨーロッパの子どもたち
> よりも，はるかに容易にかつ短期間に私たちの言葉を覚える…。日本人は忍耐強く，飢えや寒
> さ，また人間としての苦しみや不自由を耐え忍ぶ。…交際する時には思慮深く，人を訪ねたと
> きに不愉快なことをいうべきでないと考えている。」ただ一方で，「日本人は主君への忠誠心に
> 欠け，都合のよい機会に主君に対して反逆し，自分が主君となる。…交際する時の思慮深さも
> 限度をこすと，それは悪意となり，その心の中を知るのが難しいほど陰険となる。」

　これは，1582年に伊東マンショたちを（　1　）として派遣した宣教師ヴァリニャーニの報告書で
す。彼はヨーロッパと日本の習慣の違いに驚きました。しかし多くの宣教師が日本の習慣を「野蛮
なものだ」と考えていたなかで，彼は前記のように冷静に見ていました。

　1543年ポルトガル人を乗せた中国船が，暴風雨にあって種子島に流れ着きました。これが日本に
来た最初のヨーロッパ人です。このとき日本に伝えられた（　2　）は，まもなく堺などで盛んに作
られるようになりました。1549年には，イエズス会の宣教師（　3　）が来日しキリスト教を伝えま
した。上記のヴァリニャーニも（　3　）の後に続き来日した人物です。当時の日本は戦国の動乱期
でした。その動乱期に頭角を現わしてきた武将は（　4　）で，①足軽鉄砲隊を組織し，甲斐の武田
氏を破りました。また各地の一向一揆とも戦い，抵抗を続ける石山本願寺を降伏させるなど武力に

よる天下統一を目指しました。楽市令などを発令し比較的キリスト教にも寛容でしたが，家臣である（ 5 ）に背かれて，京都の本能寺で自害しました。同じく，（ 4 ）の家臣であった（ 6 ）は，すぐに山崎の戦いで（ 5 ）を倒し，（ 4 ）の後継者となりました。（ 6 ）は②全国で検地を行い，大坂城を築いて政治の拠点とし，1590 年に天下統一を実現しました。しかし長崎の地がイエズス会に寄進されていたことなどから，国内統一のさまたげになると考えてキリスト教の布教を禁止し，宣教師追放令も出しました。そのため，（ 1 ）にとっては帰国後，非常に厳しい状態となりました。その後，当時関東地方の開拓に力を入れていた（ 7 ）が③石田三成率いる豊臣勢との戦いに勝利し，幕府を開きました。しかし九州ではキリスト教の影響が根強く，幕府は絵踏を実施しキリスト教の禁止を一層強めたため，島原天草一揆が起こりました。そのため，3 代将軍家光の時期には④キリスト教の取締りをさらに強化しながら貿易を統制する政策を実施しました。

問1 　（ 1 ）～（ 7 ）にふさわしい語句を選び答えなさい。

(1)(　　　)　(2)(　　　)　(3)(　　　)　(4)(　　　)　(5)(　　　)　(6)(　　　)　(7)(　　　)

フランシスコ＝ザビエル　　豊臣秀吉　　織田信長　　鉄砲　　明智光秀

天正遣欧使節　　　　　徳川家康　　羅針盤

問2 　下線部①の戦いの名称を答えなさい。(　　　　)

問3 　（ 4 ）の人物が使用した印章は何か選び答えなさい。(　　　　)

臥薪嘗胆　　我田引水　　天下統一　　天下布武

問4 　下線部②の土地調査の名称を何というか答えなさい。(　　　　)

問5 　下線部③の戦いの名称を答えなさい。(　　　　)

問6 　下線部④の政策は後に，何といわれたか漢字 2 文字で答えなさい。(　　　　)

7 ≪江戸①≫　江戸時代の政治に関する次の A～D の各文を読み，あとの設問に答えなさい。

（大阪産業大附高）

A　老中（ 1 ）は，それまでの年貢中心から商業を重視した財政政策に着手しました。各地で生産された商品を江戸に集め，商工業者たちに①同業者の集団をつくらせ，特権を与え，彼らに営業税を納めさせました。また，長崎から銅や②蝦夷地の特産物の詰め合わせを輸出することで，金銀の輸入を行い経済の立て直しにつとめました。さらに，印旛沼や蝦夷地の開拓にものりだしました。しかし，わいろ政治だと批判されることとなり，さらに③浅間山の噴火によって起こったききんで，百姓一揆や打ちこわしが起こり，その責任をとり，彼は老中を退きました。

B　老中（ 2 ）は，社会の動揺や外国船の来航に対応しようと，社会と幕府の安定化をめざして，改革に取り組みました。彼は，物価の上昇は，①同業者の集団のせいであるとし解散させました。また，倹約令を出し，町人の派手な風俗を取りしまり，社会の風紀を乱す出版を統制しました。江戸に出かせぎに来ている農民には，村に帰らせて年貢の確保につとめようとしました。そして，アヘン戦争を知ると老中である彼は，日本にやって来る外国船に対し④それまでの対応をあらためることとしました。しかし，あまりにも改革を急いだために，力をつけてきた大名や商人らの強い反発を受け，2 年あまりで老中を辞めることとなり，改革は失敗に終わりました。

C　紀伊藩主から将軍に就任した（　3　）は，金銀産出量の減少，江戸の大火事や富士山の噴火により，悪化していた幕府の財政の立て直しに取り組みました。まず，武士たちには，質素・倹約を命じました。また，新田開発を進め，⑤大名たちには，参勤交代を軽減するかわりに米をおさめさせたりしたことで幕府の財政はしばらくの間，安定しました。彼は，財政以外にも⑥裁判の判断基準を制定したり，⑦庶民の意見を取り入れる工夫をすることで，政治面の改革にも取り組みました。そして，さらには，天文学，医学のような日常生活に関する学問を奨励したりもしました。

D　江戸や大坂で激しいうちこわしが起きる中，老中となった（　4　）は，質素・倹約をかかげ改革を行いました。まず，都市部では，出稼ぎにきていたものを村に帰らせ，各地にききんに備えた倉を作らせ，米の栽培を促進させる一方で，商品作物の栽培に制限をかけました。また，江戸では貧しくなった旗本や，御家人の生活を救うために札差からの借金を帳消しにさせたりしました。さらには，庶民が読む出版物を規制したり，幕府の学校である昌平坂学問所では，⑧決められた特定の学問以外を教えることを禁止したりしました。

(1)　A〜Dの各文中の空欄1〜4にそれぞれ当てはまる人物名の組み合わせとして正しいものを，次のア〜カから一つ選び，記号で答えなさい。（　　　）

　　ア．1―水野忠邦　　2―田沼意次　　3―徳川綱吉　　4―松平定信
　　イ．1―田沼意次　　2―松平定信　　3―徳川吉宗　　4―水野忠邦
　　ウ．1―松平定信　　2―水野忠邦　　3―徳川綱吉　　4―田沼意次
　　エ．1―水野忠邦　　2―松平定信　　3―徳川慶喜　　4―田沼意次
　　オ．1―田沼意次　　2―水野忠邦　　3―徳川吉宗　　4―松平定信
　　カ．1―松平定信　　2―田沼意次　　3―徳川綱吉　　4―水野忠邦

(2)　A〜Dの各文中の下線部①〜⑧にそれぞれ関係する語句の組み合わせとして正しいものを，次のア〜オから一つ選び，記号で答えなさい。（　　　）

　　ア．①―糸割符仲間　　②―穀物　　　　③―天保のききん　　④―異国船打払令
　　　　⑤―上げ米　　　　⑥―武家諸法度　⑦―目安箱　　　　　⑧―医学
　　イ．①―株仲間　　②―海産物　　　③―天明のききん　　④―異国船打払令
　　　　⑤―上知令　　⑥―公事方御定書　⑦―寄合　　　　　⑧―実学
　　ウ．①―株仲間　　②―俵物　　　　③―天明のききん　　④―薪水給与令
　　　　⑤―上げ米　　⑥―公事方御定書　⑦―目安箱　　　　⑧―朱子学
　　エ．①―株仲間　　②―俵物　　　　③―養和のききん　　④―薪水給与令
　　　　⑤―上げ米　　⑥―武家諸法度　⑦―寄合　　　　　⑧―蘭学
　　オ．①―糸割符仲間　　②―海産物　　　③―天保のききん　　④―薪水給与令
　　　　⑤―上知令　　　　⑥―公事方御定書　⑦―目安箱　　　　⑧―朱子学

(3)　A〜Dの各文を，年代の古いものから順に並べたものとして正しいものを，次のア〜カから一つ選び，記号で答えなさい。（　　　）

　　ア．C→A→D→B　　イ．C→D→B→A　　ウ．C→D→A→B
　　エ．C→B→D→A　　オ．D→C→A→B　　カ．D→B→C→A

8 **≪江戸②≫**　カオルさんは，日本の 18 世紀後半から 19 世紀初めごろの時代に興味を持ち，当時の文化の特徴を調べた。次のメモは調べてわかったことをまとめたものである。このメモを読み，後の問いに答えなさい。

(東大谷高)

わかったこと

・武士だけでなく町人や百姓が①私塾に入門した。

・文学では，川柳や狂歌，②俳諧では情景をたくみに表現した作品，③こっけいに描いた長編小説が好まれた。

・印刷技術が向上し，④浮世絵とよばれる多色刷りの作品が残され，⑤ヨーロッパの画家にも影響を与えた。

問1　下線部①について，当時，私塾の他にも寺子屋が全国に広がった。寺子屋について述べたX・Yの文の正誤として，正しい組み合わせを後のア〜エから1つ選び，記号で答えなさい。

（　　　）

X：武士だけでなく庶民の間にも教育への関心が高まり，実用的な知識や技能を習得するために通うものも増えた。

Y：おもに読み，書き，そろばんが教えられた。

　ア　X：正しい　　Y：正しい　　　イ　X：正しい　　Y：誤り

　ウ　X：誤り　　Y：正しい　　　エ　X：誤り　　Y：誤り

問2　下線部②について，作品A・Bと作者名C・Dの正しい組み合わせを右のア〜エから1つ選び，記号で答えなさい。（　　　）

作品A　白河の清きに魚の住みかねて　もとのにごりの田沼恋しき

作品B　菜の花や月は東に日は西に

作者C　与謝蕪村

作者D　小林一茶

	作品	作者
ア	A	C
イ	A	D
ウ	B	C
エ	B	D

問3　下線部③について，作品A・Bと作者名C・Dの正しい組み合わせを右のア〜エから1つ選び，記号で答えなさい。（　　　）

作品A　『東海道中膝栗毛』

作品B　『南総里見八犬伝』

作者C　十返舎一九

作者D　伊能忠敬

	作品	作者
ア	A	C
イ	A	D
ウ	B	C
エ	B	D

問4　下線部④について，浮世絵の作品として**誤っているもの**を次のア〜エから，下線部⑤について，浮世絵の影響を受けたとされる作品として当てはまるものを後のオ〜クからそれぞれ1つずつ選び，記号で答えなさい。（　　　）（　　　）

9 ≪外国との関係≫　四方を海に囲まれる島国の日本は，歴史的に外国の進んだ技術や文化を貿易や交流を通じて取り入れて発展してきました。A～Eの各地図を見て，あとの各問いに答えなさい。

（阪南大学高）

地図A

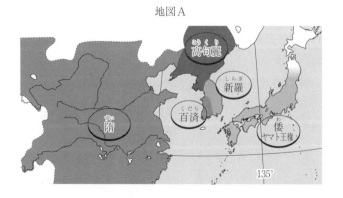

問1．地図Aは，6世紀末〜7世紀初めの東アジアの様子です。この時代の説明として**誤っている**ものを，次のア〜エより1つ選び，記号で答えなさい。（　　　）

　ア．聖徳太子が蘇我馬子と協力して新しい政治を行いました。

　イ．小野妹子らが遣隋使として派遣されました。

　ウ．紫式部や清少納言らの文学作品がつくられました。

　エ．法隆寺が建立されました。

問2．地図Aの百済から日本に伝わった宗教を何といいますか，次のア〜エより1つ選び，記号で答えなさい。（　　　）

　ア．仏教　　　イ．イスラム教　　　ウ．キリスト教　　　エ．ヒンドゥー教

地図B

問3．地図Bは，7〜8世紀の東アジアの様子です。この時代の説明として**誤っている**ものを，次のア〜エより1つ選び，記号で答えなさい。（　　　）

　ア．中大兄皇子と中臣鎌足らが大化の改新とよばれる政治改革に着手しました。

　イ．九州地方の政治や防衛のために大宰府を設けました。

　ウ．遣唐使の派遣が停止されたのちに，日本独自の国風文化がさかえました。

　エ．唐から招かれた鑑真によって唐招提寺が建立されました。

問4．地図Bの唐と新羅の連合軍と戦い，日本軍が大敗した663年の戦いを何といいますか，答えなさい。（　　　）

地図C

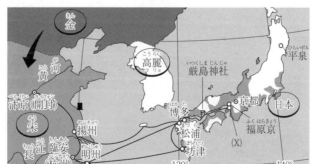

問5．地図Cは，11〜12世紀の東アジアの様子です。この時代の説明として**誤っている**ものを，次のア〜エより1つ選び，記号で答えなさい。（　　　）

ア．白河上皇が院政を始めました。

イ．院政の実権をめぐる争いの保元の乱や平治の乱がおこりました。

ウ．宋からは陶磁器や絹織物，宋銭などがもたらされました。

エ．北条泰時により，御成敗式目が制定されました。

問6．地図Cの(X)は，平清盛により修築された港です。この港を何といいますか，答えなさい。

（　　　　）

地図D

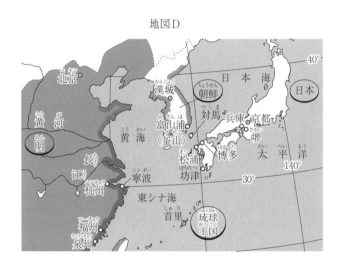

問7．地図Dは，14～15世紀の東アジアの様子です。この時代の説明として**誤っているもの**を，次のア～エより1つ選び，記号で答えなさい。（　　　　）

ア．この頃，倭寇の活動がさかんになり，朝鮮や中国を苦しめていました。

イ．朝鮮では，ハングルと呼ばれる民族文字がつくられました。

ウ．琉球の島々は，中山の王である尚氏によって統一されました。

エ．イエズス会の宣教師のフランシスコ＝ザビエルが，キリスト教を伝えました。

問8．日本と明との正式な貿易船には，通行証明書が与えられ，貿易が行われました。この日明貿易のことを何といいますか，答えなさい。（　　　　）

地図E

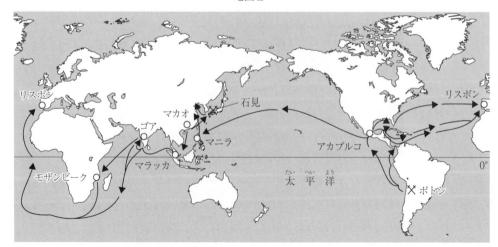

問９．地図Ｅは，16〜17世紀にかけての世界のある金属の動きです。この時代の説明として**誤っ**ているものを，次のア〜エより１つ選び，記号で答えなさい。（　　　　）

ア．大航海時代が始まり，スペインやポルトガルなどの国が世界中で貿易を展開していました。

イ．京都では，守護大名らが対立し，応仁の乱がおこりました。

ウ．ポルトガル人が種子島に漂着し，鉄砲が伝わりました。

エ．日本とスペインやポルトガルとの貿易を南蛮貿易といいます。

問10．地図Ｅで示されているある金属は，主に貨幣として使用されました。この金属は何ですか，答えなさい。（　　　　）

---

10 **≪法制史≫** ふみこさんは，「いろいろな時代の法律」について発表の準備をした。次のカードＡ〜Ｅは，ふみこさんが発表のために作成したものの一部である。これらをみて，問１〜問７に答えなさい。

（近大附和歌山高）

Ａ　①御成敗式目（貞永式目）

一　諸国の②守護の職務は，頼朝公の時代に定められたように，…以下省略…

一　（　　Ｐ　　）

一　女性が養子をとることは，律令では許されていないが，頼朝公のとき以来現在に至るまで，子どものない女性が土地を養子にゆずりあたえる事例は，武士の慣習として数え切れない。

Ｂ　大宝律令による役所のしくみ

神祇官

太政官 ｛左大臣　太政大臣　右大臣｝

　　　　中務省
　　　　式部省
　　　　治部省
　　　　民部省
　　　　兵部省
　　　　刑部省
　　　　大蔵省
　　　　宮内省

［地方］
――――――――国－郡－里

［九州］
――――大宰府－国－郡－里

Ｃ　武家諸法度

一　（　　Ｑ　　）

一　諸国の城は，修理する場合であっても，必ず幕府にもうし出ること。まして新しい城をつくることは厳しく禁止する。

Ｄ　分国法

『朝倉氏』

一　本拠である朝倉館のほか，国内に城を構えてはならない。

一　（　　Ｒ　　）

『武田氏』

一　（　　Ｓ　　）

一　許可を得ないで他国へおくり物や手紙を送ることはいっさい禁止する。

『今川氏』

一　家臣が勝手に，他国より嫁や婿をとること，他国へ娘を嫁に出すことを，今後は禁止する。

Ｅ　公事方御定書

一　人を殺しぬすんだ者
　　　　　　　　引き回しの上獄門

一　追いはぎをした者
　　　　　　　　獄門

一　ぬすみをはたらいた者
　　金十両以上か十両以上のもの
　　　　　　　　死罪
　　金十両以下か十両以下のもの
　　　　　　　　入れ墨たたき

問1　カードAの下線部①について，御成敗式目（貞永式目）を定めた執権の名前を漢字で答えなさい。（　　　）

問2　カードAの下線部②について，鎌倉時代の守護について説明した文として正しいものを，次のア～エのうちから一つ選びなさい。（　　　）

ア　中央から派遣され，郡司に任命された地方豪族などを監督した。

イ　朝廷側の国司の権限を吸収し，守護大名と呼ばれるようになった。

ウ　荘園や公領におかれ，年貢を集めたり，土地を管理したりした。

エ　御家人が京都を守る役目を指揮・催促することと，謀反や犯罪人の取り締まりを行った。

問3　カードBに関連して，大宝律令制定後，藤原京から移された新しい都を何というか。漢字で答えなさい。（　　　）

問4　カードCについて，この法令内の（　Q　）にあてはまる文として正しいものを，次のア～エのうちから一つ選びなさい。ただし，次のア～エの各文は，カード内の（　P　）～（　S　）のいずれかに該当する。（　　　）

ア　けんかをした者は，いかなる理由による者でも処罰する。

イ　すべての有力な家臣が，一乗谷に引っ越し，村には代官を置くようにしなさい。

ウ　武士が20年の間，実際に土地を支配しているならば，その権利を認める。

エ　学問と武道にひたすら精を出すようにしなさい。

問5　カードDの分国法が制定された時代に起こった諸外国のできごととして正しいものを，次のア～エのうちから一つ選びなさい。（　　　）

ア　ヨーロッパ各国の王が，十字軍の遠征をおこなった。

イ　中国で，宋が建国された。

ウ　バスコ・ダ・ガマがインドに到達した。

エ　イギリスで，ピューリタン革命が起こった。

問6　カードEについて，公事方御定書を整備させた人物が行った改革を何というか。漢字で答えなさい。（　　　の改革）

問7　ふみこさんが準備したA～Eのカードについて，Eを最後として，A～Dを年代の古い順に並べかえなさい。（　　　→　　　→　　　→　　　→E）

11　≪船の歴史≫　次の【絵】①～④を見て，後の問いに答えなさい。　　　　　　　　（星翔高）

【絵】

①

②

③ 　④

問1　【絵】①に関して，これは平氏が滅亡した戦いを描いたものである。その戦いを次から1つ選び，記号で答えなさい。（　　　）

　　ア　富士川の戦い　　イ　屋島の戦い　　ウ　壇ノ浦の戦い　　エ　一ノ谷の戦い

問2　【絵】②に関して，これは聖武天皇の要請によって，中国の僧が日本に来る様子を描いたものである。その僧を次から1つ選び，記号で答えなさい。（　　　）

　　ア　鑑真　　イ　最澄　　ウ　栄西　　エ　行基

問3　【絵】③に関して，この絵に描かれている扇形の埋め立て地はある国との貿易の拠点となった。その国を次から1つ選び，記号で答えなさい。（　　　）

　　ア　スペイン　　イ　ポルトガル　　ウ　オランダ　　エ　イギリス

問4　【絵】③に関して，この絵に描かれている地域の現在の都道府県を次から1つ選び，記号で答えなさい。（　　　）

　　ア　神奈川県　　イ　長崎県　　ウ　兵庫県　　エ　静岡県

問5　【絵】④に関して，この絵は武士が東軍と西軍に分かれ，京都を中心に11年間にわたり続いた戦いを描いたものである。戦いが起こったときの将軍を次から1つ選び，記号で答えなさい。

（　　　）

　　ア　足利義昭　　イ　足利義政　　ウ　足利義満　　エ　足利尊氏

問6　【絵】①～④を時代が古い順に並べかえなさい。（　　　→　　　→　　　→　　　）

12　《歴史上のきょうだい》　啓太さんは，歴史上のきょうだいに興味を持った。そこで特に興味深かったものをレポートにまとめた。これを読み，あとの問いに答えよ。　　　　　（常翔啓光学園高）

《敏達天皇・用明天皇・崇峻天皇・ 1 天皇》

　　欽明天皇の子は4人が天皇となった。欽明天皇の時代に仏教が伝来し， 1 天皇の時代には，仏教文化が花開いた。用明天皇の子で 1 天皇を補佐したのが(a)厩戸王（聖徳太子）である。また 1 天皇の時代に遣隋使が派遣された。

《持統天皇と元明天皇》

　　天智天皇の子で天皇となったのは，この姉妹のみである。姉である持統天皇は 2 の乱で勝利して即位した天武天皇の皇后であった。元明天皇の時代には，710年に 3 への遷都が行われた。

《刑部親王と舎人親王》

天武天皇の子で奈良時代に活躍した。刑部親王は，日本で最初の律令である 4 の制定に関わり，舎人親王は ⓑ歴史書 の編さんの中心となった。

《藤原光明子と橘諸兄》

藤原光明子は聖武天皇の皇后となり，兄の橘諸兄が政治を担当した。この時代に ⓒ土地や仏教に関するさまざまな法令 が出された。

《ⓓ藤原彰子と藤原頼通》

頼通は，姉である彰子が産んだ後一条天皇・後朱雀天皇やその子である後冷泉天皇の時代に，摂政・関白として政治の実権を握った。

《北条泰時と北条重時》

3代執権泰時は，源頼朝以来のしきたりなどにもとづいて，裁判の基準を示した 5 を定めた。この内容について弟の重時に送った手紙が残っている。

《 6 と足利直義》

征夷大将軍となり室町幕府をひらいた 6 は，弟の直義と分担して政治を行った。直義は，特に土地に関する裁判などを担当した。

《足利義輝と足利義昭》

13代将軍であった義輝は，松永久秀に襲撃されて討ち死にした。弟の義昭は ⓔ織田信長 にかつがれて15代将軍となったが追放され，室町幕府は滅亡した。

《ⓕ徳川家光と保科正之》

3代将軍徳川家光は，幕府と藩が全国の土地と民衆を支配する仕組みを整えた。家光の死後，弟の保科正之は11歳で4代将軍となった家綱を支えた。

《ⓖ桃園天皇と後桜町天皇》

桃園天皇が若くして亡くなったため，姉である後桜町天皇が中継ぎとして即位し，桃園天皇の子の成長を待った。ⓗ1782年 から始まった天明のききんの時，御所に参ることが流行したが，後桜町天皇は訪れた人々にりんごを配った。

問1．空欄 1 ～ 6 にあてはまる語句を，漢字で解答欄に記入せよ。

　　※ただし人物名については，姓・名とも答えよ。

　　　1（　　　）2（　　　）3（　　　）4（　　　）5（　　　）6（　　　）

問2．下線部ⓐについて，厩戸王が建てた寺として，正しいものを次の中から一つ選び，記号を解答欄に記入せよ。（　　　）

　　㋐　東大寺　　㋑　延暦寺　　㋒　法隆寺　　㋓　金剛峯寺

問3．下線部ⓑについて，この歴史書として，正しいものを次の中から一つ選び，記号を解答欄に記入せよ。（　　　）

 (ア)『日本書紀』 (イ)『風土記』 (ウ)『万葉集』 (エ)『古今和歌集』

問4．下線部ⓒについて，聖武天皇の時代の法令として，正しいものを次の中から一つ選び，記号を解答欄に記入せよ。（　　　）

 (ア)　公事方御定書を出して，裁判の基準を定めた。

 (イ)　十七条憲法を制定して，役人の心得を説いた。

 (ウ)　国分寺建立の詔を出して，全国に国分寺・国分尼寺を建てた。

 (エ)　改新の詔を出して，公地公民を目指した。

問5．下線部ⓓについて，このきょうだいが生きた時代の国風文化について述べた文として，正しいものを次の中から一つ選び，記号を解答欄に記入せよ。（　　　）

 (ア)　儒学などの学問や上質な絹織物を作る高度な技術が，渡来人によって伝えられた。

 (イ)　遣唐使がさまざまな文化を持ち帰り，インドや西アジアなどの影響を受けた作品が作られた。

 (ウ)　念仏を唱えて阿弥陀如来にすがり，死後に極楽浄土へ生まれ変わることを願う，浄土信仰がおこった。

 (エ)　戦いなどを描いた絵巻物が多く作られ，文化の担い手が次第に武士にも広がり，軍記物語も広く親しまれた。

問6．下線部ⓔについて述べた文として，誤っているものを次の中から一つ選び，記号を解答欄に記入せよ。（　　　）

 (ア)　駿河の戦国大名であった今川義元を桶狭間の戦いでやぶった。

 (イ)　長篠合戦では鉄砲を使った戦法で，武田勝頼をやぶった。

 (ウ)　一揆の要求を受け入れ，借金を帳消しにするという徳政令を出した。

 (エ)　城下町である安土に楽市令を出し，商工業者に自由な営業活動を認めた。

問7．下線部ⓕについて述べた文として，正しいものを次の中から一つ選び，記号を解答欄に記入せよ。（　　　）

 (ア)　豊臣秀吉の死後も勢力を保っていた豊臣秀頼を大阪の陣で滅ぼした。

 (イ)　大名に対して，江戸と領地を一年ごとに行き来させる参勤交代を定めた。

 (ウ)　評定所に目安箱を設置して庶民の意見を聞いた。

 (エ)　上知令を出して江戸・大阪の周辺を幕府の直轄地にしようとした。

問8．下線部ⓖに関連して，江戸時代の幕府と朝廷の関係について述べた文として，正しいものを次の中から一つ選び，記号を解答欄に記入せよ。（　　　）

 (ア)　幕府は六波羅探題を置いて，朝廷を監視した。

 (イ)　幕府は禁中並公家諸法度で，天皇の役割などを定めた。

 (ウ)　朝廷は京都所司代を置いて，独自に政治を行った。

 (エ)　朝廷は武家諸法度で，幕府の役割などを定めた。

問9．下線部ⓗに関連して，18世紀後半の絵画について述べた文として，正しいものを次の中から一つ選び，記号を解答欄に記入せよ。（　　　）

㋐　濃絵が流行し，狩野永徳が唐獅子図屏風を描いた。

㋑　大和絵が流行し，菱川師宣が樹下美人図を描いた。

㋒　浮世絵が流行し，東洲斎写楽や喜多川歌麿の作品が人気を集めた。

㋓　水墨画が流行し，雪舟が自然の風景を描いた。

13　≪東北地方と歴史≫　次の文を読み，後の問に答えよ。　　　　　　　　　　（樟蔭高）

東日本大震災から10年が経過した。東北地方は冬になると深い雪に覆われ，かつては不便な土地と見られていた。一方でその地域ならではの歴史や文化が存在している。

ⓐ縄文時代から青森県にある（　1　）のような集合住居と考えられる竪穴住居群がみられ，人々が集団で暮らしていたことがうかがえる。

ⓑ平安時代には，蝦夷を征討するために（　2　）が征夷大将軍に任命され，蝦夷の族長アテルイを討伐した。また，この時期には奥州藤原氏も発展し，平泉文化の代表的な建築物である（　3　）が建立された。

ⓒ室町時代には，アイヌ民族との交易がおこなわれた。しかしアイヌの人々の生活は次第に圧迫され，15世紀の中頃（　4　）を指導者とした反乱がおこった。

江戸時代，ⓓ寛政の改革の頃になると，財政難を切り抜けるために多くの藩が藩政改革に取り組んだ。特に18世紀後半，（　5　）藩の上杉鷹山（治憲）は藩政改革に乗り出し，倹約令を出して，穀物を蓄えるなどした。

問1　下線部ⓐの説明について適切なものを，次の㋐〜㋓から一つ記号で選べ。（　　　　）

㋐　人々は石を打ち欠いた打製石器をつくることを覚え，それを使って動物を狩っていた。

㋑　火を使い寒さから身を守ることなどを覚え，互いに助け合い暮らすうちに言葉も発達させた。

㋒　稲作が広まり，土器や金属器を使うようになった。

㋓　アニミズムという考え方の広まりとともに，人間を模した土偶などが作られるようになった。

問2　（　1　）にあてはまる語句を，次の㋐〜㋓から一つ記号で選べ。（　　　　）

㋐　三内丸山遺跡　　㋑　荒神谷遺跡　　㋒　岩宿遺跡　　㋓　吉野ヶ里遺跡

問3　下線部ⓑについて，平清盛が権力をもつきっかけとなった1159年の争いを何というか。

（　　　　）

問4　（　2　）にあてはまる人物を答えよ。（　　　　）

問5　（　3　）にあてはまる語句を，次の㋐〜㋓から一つ記号で選べ。（　　　　）

㋐　平等院鳳凰堂　　㋑　中尊寺金色堂　　㋒　厳島神社　　㋓　東大寺南大門

問6　下線部ⓒの説明について適切でないものを，次の㋐〜㋓から一つ記号で選べ。（　　　　）

㋐　明とのあいだで，勘合という合い札を用いて貿易をおこなっていた。

㋑　日本で初めての土一揆がおこり，土倉や酒屋，寺院などが襲われた。

㋒　東山文化が成立し，銀閣が建立されたり，水墨画が描かれたりした。

㋓　幕府を倒そうとした後鳥羽上皇による承久の乱がおこった。

問7　（　4　）にあてはまる人物を答えよ。（　　　　）

問8　下線部ⓓについて，この改革の主導者であった老中は誰か。（　　　　）

問9　（ 5 ）にあてはまる語句を，次の(ア)～(エ)から一つ記号で選べ。（　　　）

(ア)　薩摩　　(イ)　水戸　　(ウ)　米沢　　(エ)　長州

§2．近・現代の歴史

1　≪幕末史≫　次の文章を読んで，あとの問いに答えなさい。　　　　　　　　(初芝橋本高)

　15 代将軍徳川慶喜は，1867 年 10 月に天皇へ政治の実権の返上を申し出る【 ① 】をおこなっ
た。しかし，<u>(a)薩摩藩</u>をはじめとする新政府側は，同年 12 月に【 ② 】を出して天皇中心の政治
を取り戻そうとした。これに反発した旧幕府軍と新政府軍との間で，翌年 1868 年 1 月に<u>(b)戊辰戦</u>
<u>争</u>が起こり，約 1 年半におよぶ内戦が始まった。

　新政府は，様々な分野で改革を推し進めた。この近代国家の成立を目指しておこなわれた一連の
政治・経済・社会の変革を【 ③ 】という。

　まず，新政府は 1868 年に明治天皇が神々に誓う形で，【 ④ 】を出し，政府の基本方針を示した。
また，全国を直接支配する中央集権国家をつくる必要があったことから諸藩の藩主に土地と人民を
政府に返還させる【 ⑤ 】をおこなったが，あまり効果が見られなかったため，藩の廃止に踏み切
る【 ⑥ 】をおこなった。さらに，江戸時代におこなわれていた身分制度を廃止し，皇族以外のす
べての人々は平等であるとする【 ⑦ 】がおこなわれた。

問1　文章中の【 ① 】～【 ⑦ 】にあてはまる語句を，次のア～キから 1 つずつ選び，記号で答えな
　　さい。

　　①（　　　）　②（　　　）　③（　　　）　④（　　　）　⑤（　　　）　⑥（　　　）　⑦（　　　）

　　ア　大政奉還　　　　　　イ　五箇条の御誓文　　ウ　四民平等　　エ　版籍奉還
　　オ　王政復古の大号令　　カ　廃藩置県　　　　　キ　明治維新

問2　文章中の下線部(a)について，薩摩藩は現在の何県ですか。次のア～エから 1 つ選び，記号で
　　答えなさい。（　　　）

　　ア　和歌山県　　イ　山口県　　ウ　高知県　　エ　鹿児島県

問3　文章中の下線部(b)について，右の写真は，戊辰戦争の最後の戦いがおこ
　　なわれた場所を示しています。この戦いとして正しいものを，次のア～エか
　　ら 1 つ選び，記号で答えなさい。（　　　）

　　ア　鳥羽・伏見の戦い　　イ　五稜郭の戦い　　ウ　壇ノ浦の戦い
　　エ　長篠の戦い

Google Earth により作成

2　≪資料からわかること≫　次の文章は，中学生のまあさんとひろさんとの会話です。会話文を読み，
あとの問いに答えなさい。　　　　　　　　　　　　　　　　　　　　　　　　　(京都産業大附高)

まあ：博物館に行くと昔の人たちの生活の様子が分かるよね。

ひろ：はい。考古資料や文書，民具などが展示されており，当時の人たちの生活の様子が分かります。

まあ：この前，博物館に行ったときに見た資料 A・B が印象に残ったよ。

ひろ：①<u>資料Aの頃，明治政府はさまざまな政治改革を行ないました</u>よね。ところで資料Bは，どういうものなのですか？

まあ：（　1　）の人たちが決起したときに出された資料だよ。

ひろ：資料Bを読むと（　1　）が当時（　2　）ことが分かるよね。

まあ：いろいろな資料に目を通すと当時の様子がイメージできて，歴史について考えることができるようになるね。

ひろ：高校では，そういう歴史の勉強ができるといいな。

資料A　　　　　　　　　　　　資料B

> われらはここに，わが（　1　）が独立国であること，（　1　）人が自由の民であることを宣言する。…今日わが（　1　）が独立をはかるのは（　1　）人に対しては民族の正当なる繁栄を獲得させるものであり，日本に対しては邪悪なる路より出でて，東洋の支持者としての重要を果たせるものであり，…
> （一部要約）

問1　資料Aの名称を**漢字2文字**で答えなさい。（　　　　）

問2　資料Aに関連する内容として**正しくないもの**を，次のア～エの中から1つ選び，記号で答えなさい。（　　　　）

　ア　政府は安定した財源を確保するために地租改正を実施しました。

　イ　地租は1877年より引き上げられました。

　ウ　土地所有者が現金で租税を納めることになりました。

　エ　地租改正前と比べて人々の負担はあまり変わりませんでした。

問3　下線部①について，この頃（明治維新の頃）の出来事として正しいものを，次のア～エの中から1つ選び，記号で答えなさい。（　　　　）

　ア　学制を公布し，6歳以上の男女はすべて学校に通うように定めました。

　イ　徴兵令を発布し，満18歳以上となった男女に兵役の義務を課しました。

　ウ　版籍奉還，廃藩置県を行ない，地方分権体制を整えました。

　エ　新橋・横浜間に初めて鉄道が開通し，数年後には姫路・大阪・京都間にも開通しました。

問4　資料Bを読んで，会話文中の空欄に入る語句および文の組合せとして正しいものを，次のア～エの中から1つ選び，記号で答えなさい。尚，文中の空欄（　1　）と資料B中の空欄（　1　）には同一の言葉が入ります。（　　　　）

　ア　(1)　朝鮮　　(2)　日本の植民地だった　　イ　(1)　朝鮮　　(2)　西洋の植民地だった

　ウ　(1)　中国　　(2)　日本の植民地だった　　エ　(1)　中国　　(2)　西洋の植民地だった

問5　資料Bが出された頃の様子として正しいものを，次のア～エの中から1つ選び，記号で答えなさい。（　　　　）

　ア　インドでガンジーらがフランスからの独立運動を推し進めました。

　イ　サンフランシスコで講和会議が開かれ，平和条約が結ばれました。

　ウ　中国で毛沢東らが革命を起こし，中華民国が成立しました。

エ　イギリス・フランスなどが軍隊を派遣し，ソビエト政府を倒そうとしました。

問6　次の表は日本の選挙制度の移り変わりについてまとめたものです。資料Bが出された年に成立した選挙法の内容（有権者）をあらわすものとして正しいものを，次のア～カの中から1つ選び，記号で答えなさい。（　　　　）

表

	成立年	性別	年齢	直接国税	有権者（人口比）
ア	1889 年	男	25 歳以上	15 円以上	1.1 %
イ	1900 年	男	25 歳以上	10 円以上	2.2 %
ウ	1919 年	男	25 歳以上	3 円以上	5.5 %
エ	1925 年	男	25 歳以上	なし	20.8 %
オ	1945 年	男女	20 歳以上	なし	50.4 %
カ	2015 年	男女	18 歳以上	なし	83.7 %

3　《明治》　2021年9月1日に新紙幣の印刷が始まった。この新紙幣は，2024年の発行をめざしている。このニュースを見て，紙幣に印刷されている人物に興味を持った中学3年生のA君がまとめた次の表について，あとの設問に答えなさい。

(天理高)

	現在，肖像画で使用されている人物について	2024 年から肖像画で使用される予定の人物について
1000 円札	・野口英世（1876～1928） 細菌学で優れた功績を残した。A ノーベル賞の候補に選出される。黄熱病の研究中に，自身も感染し，命を落とした。	・北里柴三郎（1853～1931） B 1890年に（ ① ）の血清療法を発見。その後は，伝染病予防の研究に取り組み，1894 年にはペスト菌を発見した。
5000 円札	・樋口一葉（1872～1896） C 日清戦争後に，主流となるロマン主義を代表する小説家である。代表作に『たけくらべ』や『にごりえ』があげられる。	・津田梅子（1864～1929） 1871 年にD 欧米視察団に同行し，留学生としてアメリカに渡る。帰国後，女子英学塾を設立するなど，女子教育の発展のために尽力した。
10000 円札	・福沢諭吉（E 1835～1901） F 文明開化の中で，欧米の自由や平等などの思想を日本に紹介し，社会に影響を与えた。代表作に『（ ② ）』があげられる。	・渋沢栄一（1840～1931） 幕末にG 徳川慶喜に仕えた。明治維新後は，第一国立銀行をはじめ，多くの企業の設立や育成に関わり，日本のH 産業の近代化に貢献した。

問1．（ ① ）にあてはまる語句を，次のア～エから1つ選んで，記号で答えなさい。（　　　　）

ア．天然痘　　イ．破傷風　　ウ．結核　　エ．赤痢

問2．（ ② ）にあてはまる著書を，次のア～エから1つ選んで，記号で答えなさい。（　　　　）

ア．学問のすゝめ　　イ．坊っちゃん　　ウ．舞姫　　エ．羅生門

問3．下線部Aについて，日本人初のノーベル物理学賞を受賞した人物を，次のア～エから1つ選んで，記号で答えなさい。（　　　　）

ア．田中耕一　　イ．湯川秀樹　　ウ．真鍋淑郎　　エ．朝永振一郎

問4．下線部Bについて，1890年のできごととして正しいものを，次のア～エから1つ選んで，記号で答えなさい。（　　　）

　ア．国会期成同盟が結成された　　イ．西南戦争がおこった　　ウ．第一回帝国議会が開かれた
　エ．甲午農民戦争がおこった

問5．下線部Cについて，日本に対して，遼東半島の清への返還を求めてきたできごとを三国干渉とよぶが，ロシア，ドイツとともに返還を要求した国の国名を答えなさい。（　　　　）

問6．下線部Dについて，この視察団の一員として欧米を視察した人物を，次のア～エから1つ選んで，記号で答えなさい。（　　　）

　ア．西郷隆盛　　イ．大隈重信　　ウ．板垣退助　　エ．大久保利通

問7．下線部Eについて，1835年から1901年までにおこったできごととして誤っているものを，次のア～エから1つ選んで，記号で答えなさい。（　　　）

　ア．大塩平八郎の乱がおこる　　イ．ペリーが浦賀に来航する　　ウ．異国船打払令が出される
　エ．鳥羽・伏見の戦いがおこる

問8．下線部Fについて，次の文を読み，（　X　）（　Y　）にあてはまる語句の組み合わせとして正しいものを，あとのア～エから1つ選んで，記号で答えなさい。（　　　）

　　近代化を進めるうえで，欧米の文化や技術を積極的に取り入れた。レンガ造りの欧米風の建物が増え，新橋～（　X　）間で日本初の鉄道が開通した。また，暦はそれまでのものからかわって，欧米と同じ（　Y　）が使用されるようになった。

　ア．X　横浜―Y　太陽暦　　イ．X　横浜―Y　太陰暦　　ウ．X　品川―Y　太陽暦
　エ．X　品川―Y　太陰暦

問9．下線部Gについて，徳川慶喜が政権を朝廷に返上したできごとを何というか。漢字四字で答えなさい。（　　　）

問10．下線部Hについて，政府が日本の輸出の中心であった生糸の増産や，品質の向上を図るために，群馬県に建設した工場の名称を答えなさい。（　　　　製糸場）

4　≪第一次世界大戦≫　次の文章を読み，各問いに答えなさい。　　　　　　　　　　　　（京都明徳高）

　　ヨーロッパで始まった第一次世界大戦に対し，日本は日英同盟を理由として（　1　）に宣戦布告し，山東省の（　1　）の拠点である青島や太平洋にある（　1　）領南洋諸島を占領しました。さらに1915年，中国に対し（　2　）を示し，中国政府は抵抗しましたが，最終的に認めさせました。このできごとにより，中国では反日運動が本格化し，欧米諸国では日本に対する不信感が高まりました。

　　第一次世界大戦中，日本は戦争で必要となった鉄鋼や船舶などを生産し，連合国へ輸出しました。これによって，（　3　）が急成長し工業国の仲間入りをはたしました。それとともに貿易収支は赤字から黒字になり，日本経済は好況を迎えました。この好景気のことを（　4　）景気といい，①この景気で急に金持ちになった人もあらわれました。しかし，好景気による物価の上昇は，民衆の生活を苦しめました。さらに1918年，（　5　）出兵を見こした米の買いしめがおこり，米不足がすすみました。これに対して②米の安売りを要求する動きが全国に広がり，米屋などが襲われました。

問1　文章中の（ 1 ）～（ 5 ）にもっとも適する語句を下の〈語群〉から選び，記号で答えなさい。

　1（　　　）2（　　　）3（　　　）4（　　　）5（　　　）

〈語群〉

　あ．軽工業　　い．シベリア　　　　う．重工業

　え．神武　　お．大戦　　　　　　　か．大東亜共栄圏

　き．ドイツ　　く．二十一か条の要求　け．フランス

問2　下線部①に関して，右の図のような人を何と呼びますか。漢字で答えなさい。（　　　）

問3　下線部②の事件を何といいますか。漢字で答えなさい。（　　　）

5　《第二次世界大戦前後》　次の文章を読んで，あとの問いに答えなさい。　　　　（仁川学院高）

　ヒトラーを指導者とするドイツは領土の拡大を進め，1939年，それまで対立していたソビエト社会主義共和国連邦（ソ連）と独ソ不可侵条約を結んだのち，（ 1 ）へ侵攻しました。これに対し，イギリスやフランスはドイツに宣戦布告し，第二次世界大戦が始まりました。日本は当初，大戦不介入の方針をとっていましたが，1941年の12月8日，ハワイの真珠湾を奇襲攻撃し，①太平洋戦争が始まりました。

　第二次世界大戦は，第一次世界大戦を上回る規模の戦争になりました。日本はポツダム宣言を受け入れ，1945年8月15日，②昭和天皇はラジオで終戦の詔書（しょうしょ）を放送し，この決定を国民に知らせました。

　第二次世界大戦後，世界はアメリカを中心とする資本主義諸国と，ソ連を中心とする社会主義諸国とに分かれて対立しました。両陣営の対立は直接戦火を交えなかったために，（ 2 ）とよばれました。この対立は東アジアにもおよび，中国では内戦が続き，1949年10月，③毛沢東の率いる共産党が中華人民共和国を成立させました。朝鮮では，北緯38度線を境にアメリカとソ連により南北に分断され，1950年に④朝鮮戦争が勃発しました。

　こうした国際情勢の変化の中で，アメリカは日本占領の長期化が反米感情を高めることをおそれて日本との講和を急ぎ，1951年，⑤サンフランシスコ平和条約を結びました。

問1　文中の（ 1 ）・（ 2 ）に入る語句をそれぞれ答えなさい。(1)（　　　）(2)（　　　）

問2　下線部①について述べた文として**誤っているもの**を，次のアからエの中から1つ選んで記号で答えなさい。（　　　）

ア　日本は東南アジアから南太平洋にかけての広大な地域を占領したが，ミッドウェー海戦の敗北をきっかけに戦局は悪化した。

イ　日本はガダルカナル島で敗北してから後退を重ね，沖縄戦敗北の責任を負う形で近衛文麿（このえふみまろ）内閣は退陣した。

ウ　戦争が長期化するにつれて，それまで徴兵を猶予（ゆうよ）されていた大学生などが軍隊に召集される学徒出陣が行われた。

エ　アメリカが原子爆弾を広島に投下したのち，ソ連は日ソ中立条約を破って日本に宣戦布告した。

問3　下線部②について，このラジオ放送のことを何といいますか。解答欄に合うように**漢字**で答えなさい。（　　　　放送）

問4　下線部③について，毛沢東にあてはまる写真を，次のアからエの中から1つ選んで記号で答えなさい。（　　　　）

ア　　　　　　　　　　イ　　　　　　　　　　ウ　　　　　　　　　　エ

問5　下線部④について，朝鮮戦争が始まると，GHQは今までの占領政策の方針を転換し，日本政府に現在の自衛隊のもとになる組織をつくらせました。この組織の名称を**漢字**で答えなさい。

（　　　　　　　　）

問6　下線部⑤について述べた文として正しいものを，次のアからエの中から1つ選んで記号で答えなさい。（　　　　）

ア　佐藤栄作内閣は，すべての国ではなく，アメリカを中心とする48ヵ国の資本主義国などとの間に平和条約を結び，日本は独立を回復した。

イ　平和条約と同時に，日本とアメリカとの間で日米安全保障条約が結ばれ，占領終結後もアメリカ軍基地が日本国内に残ることになった。

ウ　平和条約が発効したことで，伊豆諸島，トカラ列島，奄美群島，小笠原諸島や沖縄は，すぐにアメリカから返還された。

エ　日本は平和条約に参加しなかった国々との国交の回復につとめ，岸信介内閣はソ連との日ソ共同宣言に署名し，北方領土問題は未解決のまま国交を回復した。

6　《オリンピックと歴史》　次の文章は，オリンピックの歴史について述べたものである。あとの問いに答えなさい。

（大阪学芸高）

2021年7月，東京オリンピックが開幕した。オリンピックの歴史を振り返ると，紀元前8世紀ごろにギリシャのオリンピアで開かれた「オリンピア祭典競技」が，古代オリンピックの発祥となった。古代オリンピックでは，ギリシャの　あ　が対抗して競技を行った。

近代オリンピックの始まりとなったのは，古代オリンピックと同じギリシャで開催された，ⓘ1896年の第1回アテネ大会である。

日本が初めてオリンピックに参加したのはⓤ1912年の第5回ストックホルム大会であった。それから28年後の1940年に，東京で第12回夏季オリンピックが開催されることが決まった。しかし，ⓔ1938年に日本が開催を返上したため，この大会は「幻の東京オリンピック」と呼ばれている。

第二次世界大戦後，東京へのオリンピック招致をめざす動きが高まり，ⓞ1964年に東京で第18回夏季オリンピックが開催された。アジアでオリンピックが開催されたのは，これが初めてであった。以後，2021年に再び東京で夏季オリンピックが開催されるまでの間に，ⓚ1972年に札幌で第11回

冬季オリンピックが，1998年に長野で第18回冬季オリンピックが開催されている。

(1)　　あ　にあてはまる，都市国家を意味する語を，**カタカナ3字**で答えなさい。（　　　　）

(2)　⎣⎦1896年の第1回アテネ大会に最も近い時期のできごとを，次のア～エから一つ選び，記号で
　　答えなさい。（　　　　）
　　ア　日本が遼東半島を清に返還した。　　イ　日本が韓国を併合した。
　　ウ　西南戦争がおこった。　　　　　　　エ　日独伊三国同盟が結ばれた。

(3)　⎣⎦1912年の第5回ストックホルム大会が開かれた年に，日本では，藩閥政治への不満が高まり，
　　憲法に基づく政治をまもろうとする運動が高まった。この運動を何というか，**漢字4字**で答えな
　　さい。（　　　　）

(4)　⎣⎦1938年に日本が開催を返上したのは，日本が戦争中であったことが理由となっていた。
　　①　この戦争を何というか，答えなさい。（　　　　）
　　②　この戦争について述べた文として最も適切なものを，次のア～エから一つ選び，記号で答え
　　　なさい。（　　　　）
　　　ア　この戦争は，盧溝橋付近でおこった武力衝突がきっかけとなって始まった。
　　　イ　戦争中に，日本では原敬が本格的な政党内閣を組織した。
　　　ウ　戦争中に，日本は二十一か条の要求を示し，大部分を強引に認めさせた。
　　　エ　アメリカの仲介により，この戦争の講和会議が開かれ，講和条約が結ばれた。

(5)　⎣⎦1964年に東京で第18回夏季オリンピックが開催されたことよりもあとのできごとを，次のア
　　～エから一つ選び，記号で答えなさい。（　　　　）
　　ア　朝鮮戦争が始まった。　　　　　　イ　教育基本法が定められた。
　　ウ　公害対策基本法が定められた。　　エ　農地改革が行われた。

(6)　⎣⎦1972年に，田中角栄内閣が　　　　声明に調印し，ある国との国交が正常化した。　　　　に
　　あてはまる声明を何というか，答えなさい。（　　　　）

(7)　右の図は，東京で第18回夏季オリンピックが開催されて　図
　　から，長野で第18回冬季オリンピックが開催されるまでの，
　　日本のある数値の推移を示したものである。ある数値とは
　　何か。次のア～エから一つ選び，記号で答えなさい。
　　　　　　　　　　　　　　　　　　　　　（　　　　）

　　ア　白黒テレビの普及率　　イ　経済成長率
　　ウ　株価　　　　　　　　　エ　国民総生産

（内閣府資料ほかにより作成）

5　日本と世界の歴史

1　《法隆寺と歴史》　すみれさんとかすみさんは，法隆寺の歴史に関する新聞記事を集めて，以下の
パネルI～Vを作成した。これを読んで，後の問いに答えなさい。　　　　　　　　　　（育英西高）

パネルI

源平合戦後の法隆寺の姿とは…⁉

　　A　は，a源平合戦の勝利後，対立していた弟の源義経の行方を追っていた。

　b1186（文治2）年には，法隆寺にも源義経を探すように要請があった。法隆寺の僧たちが寺の境内を捜索した後で，鎌倉幕府に報告した文書の内容が下記のものである。

> 　建物の至る所が傷んで，　B　が得た仏舎利と，遣隋使として派遣された　C　がc隋から持ち帰った経典を安置しているばかりという状態だ。

パネルII

法隆寺の子院蓮城院に強盗現る！

　d1310（延慶3）年，法隆寺の子院である蓮城院に強盗が入った。法隆寺は懸賞金を出して犯人を探したが，解決しなかったため，寺の近くにある竜田神社で大落書（犯罪人などを決める場合に行われた無記名投票）を実施した。そして，600通余りの投票があった。

　　　　　その結果…

　法隆寺の僧2名が票を集めたが，2名とも無実を訴えた。その後，2名は自らで真犯人を捕らえ，法隆寺に身柄を引き渡した。

パネルIII

別当に対する法隆寺の僧たちの抵抗

e南北朝時代になると，

別当（寺院を代表する最高責任者）

と

僧侶たち

の対立が見られた。

・別当が寺の大切な儀式を実施しない事に抗議した僧侶たちは，寺の門を閉めて，別当によってf荘園の管理を行う事ができないようにした。

・僧侶たちは鐘を鳴らすための木（撞木）を切り落として，別当への抵抗を示した。

パネルIV

法隆寺による水の管理

　当時の寺院の大切な仕事の一つには，雨乞いの祈祷があった‼

　g中世の法隆寺は，雨乞いに加えて，寺の周辺において農業用のhため池の造成も進めていた。周辺の住民たちは法隆寺での奉仕をしないと，水を利用する事はできず，寺もi水の使用については厳重に管理していた。

　1368（応安元）年には「よその寺の領民が水を求めるので利用を許可したが，法隆寺の領地が干ばつに見舞われた。今後は許可しない」という決定が下されるという事もあった。

パネルⅤ

100年前には，あの有名人が法隆寺の法要実現に尽力⁉

　2021年は法隆寺を建てた　B　（j574年〜622年）の1400回忌にあたり，法隆寺において遠忌法要（没後，長い期間を経て行われる仏事）が営まれた。実は100年前，大正時代に行われた1300回忌の法要には，　D　（k1840年〜1931年）が，その実現に深く関わっていたという事実が多くの資料によって知られている。　D　はl江戸時代の国学者たちと同様に，　B　は日本古来の神道を軽んじ，海外から伝わった仏教を重んじたと非難する考え方を有していたが，その後，親交のある歴史学者たちに説得され，　B　を慕うようになったという。なお，　D　は昨年（2021年）のNHK大河ドラマの主人公でもあった実業家で，新1万円札の顔になる事も発表されている。

〈1300回忌の遠忌法要に至るまで〉

明治初期，法隆寺は政府が出した法令により領地を没収され，寺の運営維持に一苦労。

↓

財政的に支援を行うため，　D　が立ち上がった！

↓

m1918（大正7）年，　D　は奉賛会を組織し，現在の明仁上皇の祖父の久邇宮邦彦（あきひと）（くにの くによし）が総裁に，会長にはn紀伊徳川家15代当主の徳川頼倫（よりみち）が，自身は副会長に就任した。

↓

法要は1週間にわたって行われ，平民宰相（しょう）と呼ばれた当時の　E　首相も参列した。

〈なぜ，国を挙げての法要になったのか？〉

　奈良大学の東野治之（はるゆき）名誉教授によると，明治時代になってo天皇中心の国づくり（のう）が進んだ事が影響していると考えられている。

(1) 法隆寺について，この寺院が所蔵する文化財として正しいものを，次のア〜エから1つ選び，記号で答えなさい。（　　　　）

ア　　　　　　　　イ　　　　　　　ウ　　　　　　　　エ

(2) 　A　〜　E　に当てはまる人物名を答えなさい。ただし，同じ記号には同じ人物名が当てはまるものとする。

　A（　　　　　）B（　　　　　）C（　　　　　）D（　　　　　）E（　　　　　）

(3) 下線 a について，源氏と平氏について述べた文として正しいものを，次のア～エから1つ選び，記号で答えなさい。（　　　）

ア　平将門は10世紀前半に東北地方で反乱を起こし，一時は東北7か国を支配した。

イ　平清盛は日宋貿易をすすめるために，瀬戸内海の航路や讃岐の港を整備した。

ウ　1180年，木曽の源義仲などが平氏を倒そうと兵を挙げ，全国的な内乱に発展した。

エ　源氏の将軍が3代で途絶えると，北条氏が征夷大将軍の位を継いで政治を行った。

(4) 下線 b について，この年までに　A　の人物によって設置された鎌倉幕府の機関・役職について述べた文として正しいものを，次のア～エから1つ選び，記号で答えなさい。（　　　）

ア　問注所は御家人を統括し，軍事・警察に関わる仕事を担った機関である。

イ　守護は国ごとに設置され，朝廷の監視や西国武士たちの統制をとった。

ウ　侍所は御家人同士の争いから訴訟になった際，裁判を担った機関である。

エ　地頭は諸国の荘園や公領ごとに設置され，年貢の取り立てなどを請け負った。

(5) 下線 c について，隋が成立するより前の中国の様子について述べた文として正しいものを，次のア～エから1つ選び，記号で答えなさい。（　　　）

ア　紀元前1600年頃，黄河流域に中国文明の最初の国とされる殷が成立し，現在の漢字のもととなった甲骨文字を用いながら，王が憲法に基づいて国を治めていた。

イ　いくつもの国が争い合う中，紀元前6世紀頃には戦争によって乱れた社会を救う方法を唱える者たちが現れ，孔子は道徳を重んじる政治を説いた。

ウ　漢は，紀元前2世紀末にシルクロードを利用して朝鮮半島への遠征軍を派遣し，楽浪郡などを設置して，朝鮮半島北部を支配下に置いた。

エ　4世紀から6世紀にかけて，中国は漢民族が支配する北朝と遊牧民族が支配する南朝に分かれており，南朝の宋には倭の五王が使者を派遣した事が歴史書に記されている。

(6) 下線 d について，14世紀の世界で起こった出来事について述べた文として誤っているものを，次のア～エから1つ選び，記号で答えなさい。（　　　）

ア　モンゴルでは，チンギス＝ハンがモンゴル民族を統一し，アジアからヨーロッパにまたがるユーラシア大陸の広大な地域を支配した。

イ　中国では，漢民族の国である明が建てられ，皇帝は朝貢国との貿易を認める一方で，民間の貿易を禁じた。

ウ　朝鮮半島では，李成桂により高麗が倒されて朝鮮が建国され，この国では独自の文字（ハングル）がつくられ，朱子学が広まった。

エ　ヨーロッパでは，イスラム文化の他，古代ギリシャやローマの文化への関心も高まり，イタリアでルネサンスと呼ばれる文芸復興が始まった。

(7) 下線 e について，この時代の日本で起こった出来事について述べた文として正しいものを，次のア～エから1つ選び，記号で答えなさい。（　　　）

ア　山城南部では，武士や農民が協力して，2つに分かれて争っていた畠山軍を国外に退去させ，8年間にわたって自治を行った。

イ　織田信長・徳川家康連合軍は，足軽鉄砲隊を使った集団戦法を用いて，武田氏の騎馬隊を

破った。

ウ　当時の不安定な世相や政権の混乱ぶりについて，批判や風刺をこめた落書が二条河原に掲げられた。

エ　窮乏する御家人を救済するために，幕府は徳政令を出して，御家人による所領の売買や質入れを禁止した。

(8)　下線 f について，新しく開墾した土地の永久私有を認め，荘園（初期荘園）が生まれるきっかけとなった，743 年に制定された法令を何というか，答えなさい。（　　　　）

(9)　下線 g について，中世のヨーロッパについて述べた文として正しいものを，次のア〜エから 1 つ選び，記号で答えなさい。（　　　　）

ア　ティグリス川とユーフラテス川に挟まれたメソポタミアでは，日干しレンガを用いて神殿や宮殿がつくられた。

イ　ローマ帝国の支配に苦しむパレスチナのユダヤ人の中からイエスが現れ，神の前での平等を説いた。

ウ　ローマ教皇は聖地エルサレムをイスラム教徒から奪還するため，十字軍の遠征を呼びかけた。

エ　外国軍との戦いに活躍したナポレオンが権力を握り，フランスの皇帝となって，ヨーロッパの大部分を支配下に置いた。

(10)　下線 h について，ため池の造成などの社会事業や民衆への仏教の布教を積極的に行い，のちに大仏づくりにも協力した奈良時代の僧は誰か，人物名を漢字で答えなさい。（　　　　）

(11)　下線 i について，当時の村の寄合では用水の配分が決められたり，山野の利用や祭りなどについても話し合われ，村ごとに掟を決めて，違反者を厳しく取り締まったりしていた。このような室町時代に発達した農村の自治組織を何というか，答えなさい。（　　　　）

(12)　下線 j について，この年より前に日本や世界で起こった出来事や社会の様子について述べた文として誤っているものを，次のア〜エから 1 つ選び，記号で答えなさい。（　　　　）

ア　メッカの商人であるムハンマド（マホメット）がイスラム教をひらいた。

イ　近畿地方を中心に巨大な前方後円墳がつくられ始めた。

ウ　邪馬台国の女王卑弥呼が魏に使いを送った。

エ　ナイル川流域では，象形文字が使われ，天文学や測量学が発達した。

(13)　下線 k について，この期間に日本や世界で起こった出来事として正しいものを，次のア〜クから 5 つ選び，時代の古いものから順に並べなさい。（　　→　　→　　→　　→　　）

ア　不平等条約を改正するため，岩倉具視を中心とする使節団が欧米に派遣されたが，改正交渉はできずに制度や文物の視察を行って帰国した。

イ　国際連盟は満州国の不承認と占領地からの日本軍の引きあげを勧告し，総会で採択されたこの勧告に不満を抱いた日本は国際連盟を脱退した。

ウ　列強諸国の侵略に反対した義和団が中心となって排外運動を展開し，北京の外国公使館を取り囲んで襲撃したが，日本・ロシアなど 8 カ国連合軍によって鎮圧された。

エ　清がアヘンの輸入を禁止すると，イギリスは清を攻めてアヘン戦争となり，降伏した清と南京条約を締結した。

オ　日本は大韓民国政府と日韓基本条約を締結し，韓国政府が朝鮮にある唯一の合法的な政府であると認め，経済協力を約束した。

カ　ニューヨークでの株価の大暴落がきっかけとなり，アメリカでは多くの企業や銀行が倒産し，この影響を受けた世界各国では世界恐慌と呼ばれる事態に陥った。

キ　保護貿易を主張して奴隷制度を批判する北部と，自由貿易を主張して奴隷制度の維持を訴える南部の対立が南北戦争に発展し，リンカーン大統領は戦争の最中に奴隷解放宣言を発した。

ク　イギリス国王が議会によって国外に追放された名誉革命の翌年，国民の自由と権利を守る事を議会に約束した権利の章典が制定された。

⒁　下線 l について，江戸時代の国学者が　B　の人物を批判した理由について，国学がどのような考え方に基づいた学問だから，仏教をあつく信仰した　B　を非難したと考えられるか，解答欄に合わせて 30 字程度で説明しなさい。

国学が［　　　　　　　　　　　　　　　　　　　　　　　　　　　］を明らかにし，日本独自の文化や精神を大切にする学問だから。

⒂　下線 m について，この年，富山県の漁村で主婦たちが米の安売りを求めて米屋に押し掛けた事をきっかけに全国に広まった騒ぎを何というか，答えなさい。（　　　　）

⒃　下線 n について，江戸幕府 8 代将軍徳川吉宗（よしむね）は紀伊徳川家の出身である。彼について述べた次の文 X・Y の内容の正誤の組み合わせとして正しいものを，右のア～エから 1 つ選び，記号で答えなさい。（　　　　）

	X	Y
ア	正	正
イ	正	誤
ウ	誤	正
エ	誤	誤

X　彼は儒学をさかんにして政治の引き締めを図ると共に，金貨の質を落として，その数量を増やし，財政難を切り抜けようとした。

Y　彼は朝廷の許可の無いまま，日米修好通商条約を結び，函館（はこだて）・神奈川・長崎・新潟・兵庫（ひょうご）の開港を約束し，領事裁判権を認めた。

⒄　下線 o について，645 年に中大兄皇子（なかのおおえのおうじ）と中臣鎌足（なかとみのかまたり）が蘇我蝦夷（そがのえみし）・入鹿父子を滅ぼし，天皇中心の国づくりを目指した一連の政治改革を何というか，答えなさい。（　　　　）

⒅　パネル I ～ IV から読み取る事が出来る内容として正しいものを，次のア～エから 1 つ選び，記号で答えなさい。（　　　　）

ア　パネル I の内容から，法隆寺の僧たちが文書を作成し，朝廷に報告していた事が分かる。

イ　パネル II の内容から，法隆寺の子院で発生した強盗事件について，寺は全く関与せず，当時の法令に基づいて警察が捜査を行った事が分かる。

ウ　パネル III の内容から，法隆寺別当は寺内に関する業務だけでなく，荘園の支配も行っていた事が分かる。

エ　パネル IV の内容から，法隆寺は領内の水の使用について厳重に管理しており，他の領民には一切水の使用を許可しなかった事が分かる。

2 ≪年表で見る歴史≫ 次の略年表をみて，あとの問いに答えなさい。 （羽衣学園高）

年代	日本にかかわるできごと	その年代の頃の世界のできごと
前3C頃	稲作が広まる ⇕A	中国で戦国時代が終わる ローマ帝国が繁栄する
239	邪馬台国の女王が中国に使いを送る①	中国で魏・呉・蜀の三国時代となる
593	聖徳太子が政治に参加する②	中国で隋が全土を統一する 中国で唐の支配が始まる
710	平城京に都を移す ⇕B	長安が国際都市として繁栄する③
794	平安京に都を移す	中国で唐が滅び，宋が成立する
1167	平清盛が太政大臣となり一族が栄える④	
1192	源頼朝が征夷大将軍になる	チンギスがモンゴル族を統一する⑤
1338	足利尊氏が征夷大将軍になる ⇕C	ヨーロッパで黒死病が大流行する 中国で明が成立する
1590	豊臣秀吉が全国を統一する	
1603	徳川家康が征夷大将軍になる ⇕D	中国で明が滅び，清の支配が始まる ヨーロッパで市民革命がおこる⑥
1854	開国の始まり⑦	インドがイギリス帝国の一部となる
1890	第一回帝国議会が開かれる⑧ ⇕E	
1913	大正政変おきる	中国で辛亥革命が起こる サラエボ事件が起こる⑨
1930	昭和恐慌がはじまる ⇕F	第二次大戦が始まる 国際連合が成立する
1945	ポツダム宣言を受諾する	
1995	阪神淡路大震災が起こる	EU（ヨーロッパ連合）が発足する アメリカで同時多発テロが起こる
2020	感染症で緊急事態宣言がだされる	

問1 年表の ⟺ A の期間の，それぞれの地域に関する説明文として誤っているものを，次のア～エから1つ選び記号で答えなさい。（　　　）

ア．中国では秦王が始皇帝と名乗り，貨幣，ものさし，文字などを統一した。

イ．ローマ帝国では法律や道路，水道，競技場など実用的な文化が広まった。

ウ．日本では大和政権の王が中国に使いをおくり，「漢委奴国王」の金印を授かった。

エ．中国，ローマ帝国，日本のいずれの地域でも身分がつくられ，奴隷や奴婢は過酷な扱いを受けたと考えられている。

問2 できごと①の波線部，邪馬台国の女王について，次の(1)(2)に答えなさい。

(1) 女王の名前を漢字で書きなさい。（　　　）

(2) 女王の政治について，次の説明文ア～エの中から適切なものを1つ選び記号で答えなさい。

（　　　）

ア．長老や有力者たちと話しあって政治を行った。

イ．まじないによって人々を従わせ，政治を行った。

ウ．特殊な能力を持つ人々を集め，彼らの能力を使って政治を行った。

エ．兵を常に身近に置き，従わない者は徹底して弾圧する恐怖政治を行った。

問3　できごと②の波線部，聖徳太子の政治について述べた次の説明文A～Cを読み，正誤の組み合わせとして正しいものを，下の表ア～クから1つ選び記号で答えなさい。（　　　　）

A．大王中心の政治が行えるよう，役人の心得を十七条の憲法に定めた。

B．身分や家柄にとらわれずに有能な人を採用しようと冠位十二階の制を定めた。

C．隋の制度や文化を取り入れるため，蘇我馬子を隋に派遣した。

記号	組み合わせ	ウ	Aは正しく，BCは誤り	カ	ABは正しく，Cは誤り
ア	すべて正しい	エ	Bは正しく，ACは誤り	キ	ACは正しく，Bは誤り
イ	すべて誤り	オ	Cは正しく，ABは誤り	ク	BCは正しく，Aは誤り

問4　年表⟺Bの期間の出来事I～Ⅲについて，時代の古い順番に並んでいるものを，ア～カから1つ選び記号で答えなさい。（　　　　）

I．藤原道長，頼通親子が摂関政治を行った。

Ⅱ．坂上田村麻呂を征夷大将軍とする軍を蝦夷に派遣した。

Ⅲ．菅原道真の提案により遣唐使を停止した。

　　ア．I→Ⅱ→Ⅲ　　　イ．I→Ⅲ→Ⅱ　　　ウ．Ⅱ→I→Ⅲ　　　エ．Ⅱ→Ⅲ→I

　　オ．Ⅲ→I→Ⅱ　　　カ．Ⅲ→Ⅱ→I

問5　できごと③の波線部，当時の国際的な都市，長安やバグダッドは交易で栄えました。下の写真は当時，交易で日本にもたらされた文物です。解説を読んで，「胡」にあてはまる国と宝物を納めた建物の組み合わせの正しいものを，ア～エから1つ選び記号で答えなさい。（　　　　）

 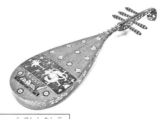

上は瑠璃杯で，胡で作られた。右は螺鈿紫檀五絃琵琶（楽器）で，胡人やラクダが描かれている。胡とは中国の，はるか西方の国である。

　　ア．天竺（インド）―正倉院　　　イ．ペルシア（イラン）―正倉院

　　ウ．天竺（インド）―平等院　　　エ．ペルシア（イラン）―平等院

問6　できごと④の波線部，平氏一族が繁栄をきわめることができた理由として誤っているものを，次のア～エから1つ選び記号で答えなさい。（　　　　）

ア．天皇と上皇の争いである保元の乱，つづいて起こった平治の乱に勝利した。

イ．娘を天皇に嫁がせ，その子供を天皇にするなど朝廷との結びつきを強めた。

ウ．焼け落ちた東大寺を再建し，金剛力士像と南大門を建てるなど，信仰心のあつさが人々に受

け入れられた。

エ. 所領の他に，瀬戸内海航路を整備して港を作るなど，経済的な基盤を形成した。

問7 できごと⑤波線部，モンゴル族の国の一つ，「元」が日本に与えた影響に関する下の説明文の空欄（Ⅰ～Ⅲ）に入る語句の正しい組み合わせを，ア～クから1つ選び記号で答えなさい。
（　　　）

　　チンギス＝ハンの孫で，元の皇帝となった（　Ⅰ　）＝ハンは，日本に服属と朝貢を求めたが，執権の北条（　Ⅱ　）はこれを拒否したため，二度の元寇が引き起こされた。元の攻撃は二度とも失敗に終わったが，その後も日本の警備は続き，武士の中には生活に困窮する者もあらわれた。幕府は（　Ⅲ　）を出して所領の売買を禁止したが，一時的な効果しかなく，かえって北条氏への不満がつのった。

ア．Ⅰ. フビライ　　Ⅱ. 泰時　　Ⅲ. 御成敗式目

イ．Ⅰ. オゴタイ　　Ⅱ. 泰時　　Ⅲ. 御成敗式目

ウ．Ⅰ. フビライ　　Ⅱ. 泰時　　Ⅲ. 徳政令

エ．Ⅰ. オゴタイ　　Ⅱ. 泰時　　Ⅲ. 徳政令

オ．Ⅰ. フビライ　　Ⅱ. 時宗　　Ⅲ. 御成敗式目

カ．Ⅰ. オゴタイ　　Ⅱ. 時宗　　Ⅲ. 御成敗式目

キ．Ⅰ. フビライ　　Ⅱ. 時宗　　Ⅲ. 徳政令

ク．Ⅰ. オゴタイ　　Ⅱ. 時宗　　Ⅲ. 徳政令

問8 年表⟺Cの期間の社会のようすについて，次の(1)(2)に答えなさい。

(1) この頃，多くの農産物を得る工夫がなされ，利益を同じくする人々の間に横のつながりが生まれました。「工夫」や「ヨコのつながり」の例として正しい組み合わせを次のア～エから1つ選び記号で答えなさい。（　　　）

ア．米と麦の二毛作，五人組　　イ．鰯を干した肥料，一揆　　ウ．米と麦の二毛作，一揆

エ．鰯を干した肥料，五人組

(2) 次の文章の（　Ⅰ　）（　Ⅱ　）に入る語句の正しい組み合わせを，ア～エから1つ選び記号で答えなさい。（　　　）

　　明から「日本国王」に任命された足利義満は，（　Ⅰ　）をつかった日明貿易を始めた。（　Ⅰ　）は通行証明証で（右図），互いに片方ずつを持ち，照合して使われた。日本は明から（　Ⅱ　）などを輸入した。

（Ⅰ）の例

ア．Ⅰ—勘合　　Ⅱ—銅銭，絹，陶磁器

イ．Ⅰ—勘合　　Ⅱ—銅，刀剣，硫黄

ウ．Ⅰ—朱印状　　Ⅱ—銅銭，絹，陶磁器

エ．Ⅰ—朱印状　　Ⅱ—銅，刀剣，硫黄

問9 年表⟺Dの期間の出来事Ⅰ～Ⅲについて，時代の古い順番に並んでいるものを，ア～カから1つ選び記号で答えなさい。（　　　）

Ⅰ. 天保の飢饉で米の買い占めがおこり，大阪では大塩平八郎の反乱が起こった。

Ⅱ. 禁教が進む中，島原と天草でキリシタンや農民を中心とする一揆が起こった。

Ⅲ．冷害や浅間山の噴火などによる天明の飢饉が起こり，一揆が多発した。

　　ア．Ⅰ→Ⅱ→Ⅲ　　　イ．Ⅰ→Ⅲ→Ⅱ　　　ウ．Ⅱ→Ⅰ→Ⅲ　　　エ．Ⅱ→Ⅲ→Ⅰ

　　オ．Ⅲ→Ⅰ→Ⅱ　　　カ．Ⅲ→Ⅱ→Ⅰ

問10　できごと⑥波線部，市民革命について述べた次の説明文A～Dを読み，説明文の「この国」の国名が正しいものをア～エから1つ選び記号で答えなさい。なお，市民革命は同じ世紀に起こったものばかりではありません。（　　　）

　A．この国では，議会と王が争う革命が二度起こった。その後，政治は，王ではなく議会が行うこととなった。また産業革命をいち早く達成してアジアに進出した。

　B．この国では，王や貴族などの特権身分に対して，民衆が革命を起こした。その後，人権宣言が発表され，王政も廃止されたが，政治を行う主体は皇帝，王，議会，皇帝，とめまぐるしく入れ替わった。

　C．この国の革命は，本国の重税に対する植民地の人々の抵抗という形で始まった。独立を望むひとびとは独立宣言を発表して結束を強め，独立後は，三権が完全に分立した制度を採用して政治を行った。

　D．この国では皇帝と貴族が政治を独占していたが，20世紀の初めに人々の要求に応じて国会が開かれた。第一次大戦中に，生活の窮乏を訴える労働者・兵士を中心に革命が起こり，世界で初めての社会主義国家となった。

　　ア．A―フランス　　　イ．B―イギリス　　　ウ．C―アメリカ　　　エ．D―中国

問11　できごと⑦波線部，開国の始まりについて，次の(1)(2)に答えなさい。

　(1)　日米和親条約で開かれた港の正しい組み合わせを次のア～エから1つ選びなさい。（　　　）

　　ア．横浜・函館　　　イ．横浜・長崎　　　ウ．下田・函館　　　エ．下田・長崎

　(2)　1858年の日米修好通商条約には日本に不利な内容が含まれていました。そのうち，**外国人の犯罪に関することがらについて，下の（　　）にあうように漢字5文字**で答えなさい。

　　　　　　　　　　　　　　　　　　　　　　　　　　　　　　　　　　　　（　　　）

　　　　（　　　）を認める。

問12　年表⇔Eの期間の出来事Ⅰ～Ⅲについて，時代の古い順番に並んでいるものを，ア～カから1つ選び記号で答えなさい。（　　　）

　Ⅰ．韓国を朝鮮と改め，軍人の朝鮮総督を置いて，日本の植民地とした。

　Ⅱ．日清戦争で得た賠償金をもとに八幡製鉄所を建てた。

　Ⅲ．関東大震災が起こり，甚大な被害をこうむった。

　　ア．Ⅰ→Ⅱ→Ⅲ　　　イ．Ⅰ→Ⅲ→Ⅱ　　　ウ．Ⅱ→Ⅰ→Ⅲ　　　エ．Ⅱ→Ⅲ→Ⅰ

　　オ．Ⅲ→Ⅰ→Ⅱ　　　カ．Ⅲ→Ⅱ→Ⅰ

問13　できごと⑧波線部，帝国議会について，現在の国会は衆議院と参議院の二院制ですが，帝国議会の二院制は，衆議院と**何院ですか。漢字**で答えなさい。（　　　）

問14　できごと⑨波線部，サラエボ事件の影響を次のようにまとめました。文章の（　Ⅰ　）～（　Ⅲ　）に入る語句の正しい組み合わせを，ア～エから1つ選び記号で答えなさい。（　　　）

　　オーストリア皇太子夫妻がセルビア人の青年に殺害され，両国が開戦すると同盟関係にあった

各国が次々と参戦して第一次世界大戦となった。日本も（ Ⅰ ）との同盟を口実に参戦し，中国で（ Ⅱ ）が持っていた山東省の権利を獲得した。戦争後の 1921 年，アメリカの呼びかけで開催されたワシントン会議で（ Ⅲ ）が決まった。

ア．Ⅰ―ドイツ　　Ⅱ―イギリス　　Ⅲ―保有している主力艦を減らすこと

イ．Ⅰ―イギリス　　Ⅱ―ドイツ　　Ⅲ―中国で日本が獲得した利権を返還すること

ウ．Ⅰ―アメリカ　　Ⅱ―ドイツ　　Ⅲ―保有している主力艦を減らすこと

エ．Ⅰ―ドイツ　　Ⅱ―アメリカ　　Ⅲ―中国で日本が獲得した利権を返還すること

問15　年表⟺Fの期間の出来事についての説明文として**誤っているもの**を次のア〜エから1つ選び記号で答えなさい。（　　　）

ア．ドイツでヒトラーが政権をとった 1933 年，日本は国際連盟に脱退を通告した。

イ．バンドンでアジア・アフリカ会議が開催された 1955 年，広島で第1回原水爆禁止世界大会が開催された。

ウ．日ソ共同宣言に調印してソ連と正式に国交を回復した 1956 年，日本の国際連合加盟が実現した。

エ．自動車・鉄鋼・半導体など工業製品の輸出で世界一の貿易黒字国となった 1973 年，石油の価格が高騰してバブル経済が終わった。

問16　次の(1)(2)に答えなさい。

(1)　次の絵画を，古い時代順に並んでいるものをア〜エから選び記号で答えなさい。（　　　）

A　見返り美人図　　B　秋冬山水画図　　C　鮭　　D　源氏物語絵巻

ア．DABC　　イ．DACB　　ウ．DBAC　　エ．BDAC

(2)　右は，太鼓をたたき，足を踏みならして「南無阿弥陀仏」と唱えている人たちの絵です。次のア〜エから，適切な説明を1つ選び記号で答えなさい。（　　　）

ア．法華宗（日蓮宗）を信仰する人々である

イ．踊り念仏と呼ばれている

ウ．鎌倉時代の葬式の様子である。

エ．高野山金剛峯寺の完成を祝っている。

3 ≪各時代のあらまし≫　次の A〜O の文を読み，後の設問に答えなさい。　　　（帝塚山学院泉ヶ丘高）

A．建武中元二年，倭の奴国の王が漢に朝貢し，光武帝から印綬をおくられた。

問1　このできごとがあった時代の遺跡として最も適当なものを1つ選び，解答欄の記号を〇で囲め。（　ア　イ　ウ　エ　）

ア：佐賀県吉野ヶ里遺跡　　　イ：埼玉県稲荷山古墳　　　ウ：青森県三内丸山遺跡

エ：群馬県岩宿遺跡

問2　このできごとより1300年ほどのちの時代の天皇は，漢王朝を復興した光武帝にならい，天皇中心の政治を復活させようと年号を建武と改めた。何天皇か，漢字で答えよ。（　　　　天皇）

B．大化元年，朝廷や地方の組織を改め，権力を天皇に集中しようとする改革が始まった。

問3　この改革について述べた次の文の中で正しいものを1つ選び，解答欄の記号を〇で囲め。

（　ア　イ　ウ　エ　）

ア：百済の復興を助けようと大軍を派遣した戦いが敗北に終わり，この敗北が改革を始めるきっかけとなった。

イ：改革を始めるにあたり，中国の都にならって碁盤の目のように区画された都を飛鳥の北方につくった。

ウ：遣隋使とともに派遣された留学生や学問僧が中国から帰国しており，彼らの協力を得て改革が進められた。

エ：天皇を中心とする政治の仕組みの一つとして，才能や功績のある人物を役人に取り立て，十二段階の冠位などで地位を表す制度を創設した。

問4　この改革が行われていたころ，アラビア半島に成立したイスラム帝国が急速に力を伸ばしていた。こののちのイスラム世界の拡大について述べた次の文の中で正しいものを1つ選び，解答欄の記号を〇で囲め。（　ア　イ　ウ　エ　）

ア：イスラム帝国は，8世紀の戦いに勝利し，現在のイギリスにも進出してヨーロッパ全土に勢力を拡大した。

イ：西ローマ帝国でキリスト教徒の十字軍が組織され，イスラム勢力を破って聖地ローマを奪回した。

ウ：15世紀に東ヨーロッパでムガル帝国がビザンツ帝国を征服し，16世紀にインドにオスマン帝国が成立するなど，イスラム世界が再び勢力を広げた。

エ：イスラム教徒をムスリムというが，ムスリム商人はインド洋の交易の主な担い手となり，豊かなアジアの物産をヨーロッパに持ち込む役割を担った。

C．〇〇21年，陸奥国から黄金が献上されたことをきっかけに，初めて四文字の年号の「〇〇感宝」に改元された。

問5　〇〇には，この時代の文化の名称にも使われている同じ漢字がはいる。漢字2字で答えよ。

問6　献上された黄金は，このころ平城京で進められていた国家的事業を完成に導いた。国家を守ろうと行われたこの国家的事業とは何か。**事業を命じた人物を含め**，解答欄に従って述べよ。

（　　　　の力により国家を守ろうとする　　　　　　　　　　　　　　事業）

D. 天慶3年，関東での反乱は鎮圧されたが，瀬戸内地方の反乱は翌年まで続いた。

問7　関東で朝廷に反乱を起こした人物は誰か。漢字で答えよ。（　　　　）

問8　このころ地方では武士の成長がみられたが，都では摂関政治が始まっていた。摂関政治について述べた次の文の中で正しいものを1つ選び，解答欄の記号を○で囲め。

（　ア　イ　ウ　エ　）

ア：摂関政治では，男性天皇の代わりに摂政がおかれ，女性天皇の代わりに関白がおかれて，政治の実権を握った。

イ：奥州藤原氏は，娘を天皇のきさきにし，その子を天皇に立てることで摂関政治の全盛期を築き，平泉に平等院鳳凰堂を建てた。

ウ：「この世をばわが世とぞ思う…」という和歌をよんだ藤原道長は，京都の宇治に中尊寺金色堂を建てた。

エ：摂関政治の全盛期を過ぎた後も，京都の朝廷では天皇のそばに摂政か関白がおかれることが，江戸時代の終わりまで断続的に続いた。

E. ○○3年，後鳥羽上皇は幕府を倒そうと兵を挙げたが，幕府は大軍をおくって上皇の軍を破った。

問9　○○にはいる年号を漢字2字で答えよ。□：□

問10　このできごとについて述べた次の文の中で正しいものを1つ選び，解答欄の記号を○で囲め。（　ア　イ　ウ　エ　）

ア：後鳥羽上皇が兵を挙げると，源頼朝の妻の北条政子は，朝廷に協力的であった第3代将軍源実朝を暗殺した。

イ：このできごとをきっかけに，幕府は朝廷にせまり，国ごとに守護を，荘園・公領ごとに地頭をおくことを認めさせた。

ウ：このできごとののち，後鳥羽上皇は隠岐に流され，京都には朝廷を監視するために六波羅探題がおかれた。

エ：執権北条義時は朝廷の律令を廃止し，律令に代わるものとして，武士の社会で行われていた慣習に基づく御成敗式目を定めた。

F. ○○11年，博多湾岸に上陸した元軍は，集団戦法と火薬を使った武器で幕府軍を苦しめた。

問11　このできごとはこののち再び繰り返されることになるが，○○にはいる年号を漢字2字で答えよ。□：□

問12　このできごとについて述べた次の文の中で正しいものを1つ選び，解答欄の記号を○で囲め。（　ア　イ　ウ　エ　）

ア：元軍は，最初の襲来にあたり，高麗や宋を滅ぼしたのち日本に襲来した。

イ：幕府は，最初の襲来に備え，博多湾近くに堀や堤を備えた水城を築いた。

ウ：元軍を撃退しても御家人に対する恩賞は不十分で，分割相続のくり返しにより土地が減っていた御家人を苦しめた。

エ：幕府は土倉や酒屋を保護していたが，土倉や酒屋に対する農民の借金を帳消しにする徳政令を出した。

G. 明徳3年（元中9年），二つに分かれていた朝廷が統一され，年号も明徳に統一された。

問13　統一を実現した将軍は誰か。漢字で答えよ。（　　　　）

問14　統一が実現した前後の時代の日本とその周辺のようすについて述べた次の文の中で誤っているものを1つ選び，解答欄の記号を○で囲め。（　ア　イ　ウ　エ　）

　ア：各地を荒らした倭寇が禁じられる一方で，やがて勘合を用いた日明貿易が始まった。

　イ：朝鮮国が建てられたが，朝鮮国ではのちにハングルという独自の文字がつくられた。

　ウ：琉球は三つの勢力に分かれていたが，中山王の尚氏が北山（山北）・南山（山南）の勢力を滅ぼし，やがて琉球王国が建てられた。

　エ：和人との交易に不満を持ったアイヌの人々は，シャクシャインを中心に戦いを起こし勝利した。

H．応仁元年に始まった戦乱は11年にわたって続き，乱後の幕府は力を失い，戦国時代が始まった。

問15　この戦乱が収まった後，加賀では一向一揆が起こり，一向宗の信仰で結びついた武士や農民らが守護大名を倒し，約100年にわたる自治を行った。ところで，一向宗とは鎌倉時代にうまれた新しい仏教の一つであるが，その開祖として最も適当なものを1つ選び，解答欄の記号を○で囲め。（　ア　イ　ウ　エ　）

　ア：親鸞　　イ：道元　　ウ：一遍　　エ：日蓮

問16　戦国時代に各地で活躍した戦国大名とその拠点となった地方（現在の県）の組み合わせとして誤っているものを1つ選び，解答欄の記号を○で囲め。（　ア　イ　ウ　エ　）

　ア：毛利元就・広島県　　イ：上杉謙信・山梨県　　ウ：島津貴久・鹿児島県

　エ：今川義元・静岡県

I．天正10年，大友宗麟などのキリシタン大名が，キリスト教信者の少年四人をローマ教皇のもとへ派遣した。

問17　このころのできごとⅠ～Ⅲについて，古いものから年代順に正しく配列したものを後から1つ選び，解答欄の記号を○で囲め。（　ア　イ　ウ　エ　オ　カ　）

　Ⅰ：本能寺の変　　　Ⅱ：バテレン追放令　　　Ⅲ：長篠の戦い

　ア：Ⅰ→Ⅱ→Ⅲ　　　イ：Ⅰ→Ⅲ→Ⅱ　　　ウ：Ⅱ→Ⅰ→Ⅲ　　　エ：Ⅱ→Ⅲ→Ⅰ

　オ：Ⅲ→Ⅰ→Ⅱ　　　カ：Ⅲ→Ⅱ→Ⅰ

問18　このころの世界について述べた次のX・Yの文の正誤の組み合わせとして正しいものを後から1つ選び，解答欄の記号を○で囲め。（　ア　イ　ウ　エ　）

　X　少年使節が派遣される前，アメリカ大陸では，アステカ王国やインカ帝国がポルトガルによって滅ぼされた。

　Y　少年使節が派遣された後，ヨーロッパでは，ルターやカルバンらによる宗教改革が始まった。

　ア：X―正　　　Y―正　　イ：X―正　　　Y―誤　　ウ：X―誤　　　Y―正

　エ：X―誤　　　Y―誤

J．天明2年の冷害から始まったききんは，浅間山の大噴火が発生したことも影響し，全国に広がった。

問19　ききんの広がりとともに各地で百姓一揆や打ちこわしが起こり，幕府の老中が辞めることになった。この老中とその政策の組み合わせとして正しいものを後から1つ選び，解答欄の記

号を○で囲め。（ア　イ　ウ　エ　オ　カ）

Ⅰ：松平定信　　Ⅱ：徳川吉宗　　　Ⅲ：田沼意次

X　江戸や大阪の周辺の土地を幕領にしようとした。

Y　長崎貿易を活発にするため，銅や俵物の輸出を拡大した。

Z　大名に，1万石につき100石の米を幕府に納めさせた。

　　ア：Ⅰ・X　　　イ：Ⅰ・Y　　　ウ：Ⅱ・X　　　エ：Ⅱ・Z　　　オ：Ⅲ・Y　　　カ：Ⅲ・Z

問20　このころ活躍した人物として最も適当なものを1つ選び，解答欄の記号を○で囲め。

（ア　イ　ウ　エ）

ア：杉田玄白　　イ：井原西鶴　　ウ：大塩平八郎　　エ：狩野永徳

K．慶応4年，鳥羽・伏見の戦いから始まった戦争は，翌年の五稜郭の戦いで終わった。この一連の戦いを○○戦争という。

問21　○○にはいる語句を漢字2字で答えよ。□□

問22　このころ欧米で活躍した人物として最も適当なものを1つ選び，解答欄の記号を○で囲め。

（ア　イ　ウ　エ）

ア：クロムウェル　　イ：ビスマルク　　ウ：ロック　　エ：ワシントン

L．太陽暦が採用され，明治5年12月3日を明治6年1月1日とした。

問23　次の古代文明のうち，太陽暦を作った文明として最も適当なものを1つ選び，解答欄の記号を○で囲め。（ア　イ　ウ　エ）

ア：エジプト文明　　イ：メソポタミア文明　　ウ：インダス文明　　エ：中国文明

問24　明治6年のできごとについて述べた次の文の中で誤っているものを1つ選び，解答欄の記号を○で囲め。（ア　イ　ウ　エ）

ア：満20歳になった男子が兵役の義務を負うことになった。

イ：土地所有者が地価を基準とする税を納める制度が始まった。

ウ：西郷隆盛を中心とした鹿児島の士族が兵を挙げた。

エ：武力で朝鮮に開国を迫る征韓論が政府内で高まった。

M．大正時代は民主主義の風潮が強まったので，「大正デモクラシー」といわれた。

問25　次の中で大正時代に出されたものとして最も適当なものを1つ選び，解答欄の記号を○で囲め。（ア　イ　ウ　エ）

ア：広ク会議ヲ興シ　万機公論ニ決スベシ

イ：水平社はこうして生まれた　人の世に熱あれ，人間に光あれ

ウ：天は人の上に人をつくらず，人の下に人をつくらず

エ：あゝをとうとよ君を泣く　君死にたまふことなかれ

問26　大正時代のできごとⅠ～Ⅲについて，古いものから年代順に正しく配列したものを後から1つ選び，解答欄の記号を○で囲め。（ア　イ　ウ　エ　オ　カ）

Ⅰ：原敬が本格的な政党内閣を組織した。

Ⅱ：社会主義の拡大をおそれ，シベリアに軍隊を送ることになった。

Ⅲ：日英同盟に基づいてドイツに宣戦布告した。

ア：Ⅰ→Ⅱ→Ⅲ　　　イ：Ⅰ→Ⅲ→Ⅱ　　　ウ：Ⅱ→Ⅰ→Ⅲ　　　エ：Ⅱ→Ⅲ→Ⅰ

オ：Ⅲ→Ⅰ→Ⅱ　　　カ：Ⅲ→Ⅱ→Ⅰ

N．アメリカから始まった世界恐慌が日本にもおよび，昭和恐慌と呼ばれる深刻な不況が発生した。

問27　昭和恐慌以降のできごとⅠ～Ⅲについて，古いものから年代順に正しく配列したものを後から1つ選び，解答欄の記号を○で囲め。（ア　イ　ウ　エ　オ　カ）

Ⅰ：海軍の青年将校らが首相官邸をおそい，犬養毅首相を暗殺した。

Ⅱ：陸軍の青年将校が大臣などを殺傷し，東京の中心部を占拠した。

Ⅲ：海軍軍縮条約を結んだ浜口雄幸首相が狙撃され，重傷を負った。

ア：Ⅰ→Ⅱ→Ⅲ　　　イ：Ⅰ→Ⅲ→Ⅱ　　　ウ：Ⅱ→Ⅰ→Ⅲ　　　エ：Ⅱ→Ⅲ→Ⅰ

オ：Ⅲ→Ⅰ→Ⅱ　　　カ：Ⅲ→Ⅱ→Ⅰ

問28　昭和前半の戦争の時代について述べた次の文の中で正しいものを1つ選び，解答欄の記号を○で囲め。（ア　イ　ウ　エ）

ア：北京郊外の盧溝橋で鉄道線路が爆破され，関東軍はこれを中国側のしわざとして軍事行動を開始した。

イ：日中戦争が長期化した背景には，中国で毛沢東が率いる国民党と蔣介石が指導する共産党の内戦があった。

ウ：日独伊三国同盟に続き日ソ中立条約が結ばれ，日本はフランス領インドシナの南部へ軍を進めた。

エ：太平洋戦争がはじまると，政党は解散して大政翼賛会に合流し，国家総動員法が制定された。

O．昭和39年，東京オリンピックが開催された。この大会に，中華人民共和国は参加していない。

問29　次のできごとⅠ～Ⅲを**時代の古い順**に並べたうえで，日本が中華人民共和国と国交を正常化したのは，どこにはいるか。後から1つ選び，解答欄の記号を○で囲め。

（ア　イ　ウ　エ　オ　カ）

Ⅰ：日ソ共同宣言が調印され，ソ連との国交が回復した。

Ⅱ：ベルリンの壁が取りこわされた。

Ⅲ：新しい日米安全保障条約が結ばれた。

ア：ⅠとⅡの間　　　イ：ⅠとⅢの間　　　ウ：ⅡとⅠの間　　　エ：ⅡとⅢの間

オ：ⅢとⅠの間　　　カ：ⅢとⅡの間

問30　昨年（令和3年）の東京オリンピックで，「チャイニーズタイペイ」という名称で参加した地域は，1912年にアジアで最初の共和国となったとき以来の国名を名乗っている。その国名を漢字4字で答えよ。

4 ≪宗教間対立≫　次の文章を読み，(1)～(8)の問いに答えなさい。　　　　　　（近江高）

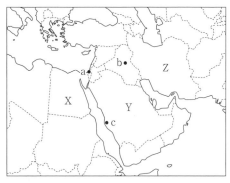

　　宗教間の対立により，これまで様々な紛争が起きてきた。ユダヤ教，キリスト教，イスラム教は同じ①エルサレムを聖地とし，そのことが原因で②大きな争いが起きている。歴史上キリスト教とイスラム教の間には争いが続き，15世紀にはイスラム教徒の国である［　あ　］帝国が，キリスト教徒の国である［　い　］帝国を征服した。パレスチナ問題もイスラム教徒の多い［　う　］人が多数居住するこの地域に，ユダヤ人が［　え　］を建国したことに，原因の発端がある。また，2001年には［　お　］で実権を握ったイスラム原理主義勢力が，世界遺産でもある仏教遺跡［　か　］を破壊したことは，世界に衝撃を与えた。歴史を振り返れば同じキリスト教でもカトリックとプロテスタント，イスラム教では③スンナ派とシーア派の対立など，宗派の違いによる争いも数多く起きている。

　　一方，日本に目を転じると，飛鳥時代には④仏教を受け入れ，戦国時代にはキリスト教を⑤一時的に拒絶したが，後には受け入れている。

(1)　下線部①の場所を地図上のa～cから一つ選び記号で答えなさい。（　　　　）

(2)　下線部②について，ローマ教皇がイスラム勢力に征服されたエルサレムを奪回するために派遣した大軍を何というか。漢字3文字で答えなさい。□□□

(3)　［　あ　］と［　い　］に入る適語の正しい組合せを，次のア～エから一つ選び記号で答えなさい。

（　　　　）

　　ア．オスマン・ビザンツ　　　イ．オスマン・ムガル　　　ウ．ムガル・ローマ

　　エ．ムガル・ビザンツ

(4)　［　う　］と［　え　］に入る適語の正しい組合せを，次のア～エから一つ選び記号で答えなさい。

（　　　　）

　　ア．アラブ・エジプト　　　イ．アラブ・イスラエル　　　ウ．ゲルマン・イスラエル

　　エ．ゲルマン・イラク

(5)　［　お　］と［　か　］に入る適語の正しい組合せを，次のア～エから一つ選び記号で答えなさい。

（　　　　）

　　ア．アフガニスタン・バーミヤン　　　イ．アフガニスタン・アンコールワット

　　ウ．タイ・アンコールワット　　　エ．タイ・バーミヤン

(6)　下線部③のスンナ派の代表的な国サウジアラビアとシーア派の代表的な国イランを，地図上X～Zで表した正しい場所の組合せを，次のア～カから一つ選び記号で答えなさい。前がサウジアラビア，後ろがイランの場所を示している。（　　　　）

　　ア．Y・Z　　イ．X・Y　　ウ．Y・X　　エ．Z・X　　オ．X・Z　　カ．Z・Y

(7)　下線部④について，7世紀前半に推古天皇のおいで仏教の普及に尽力した人物を漢字で答えなさい。（　　　　）

(8)　下線部⑤について，1587年にバテレン追放令を出した人物を漢字で答えなさい。（　　　　）

5 ≪岩手県と歴史≫　平野さんは，岩手県の史跡や記念館をしらべ，「訪れたい場所リスト」を作成した。リストを見て，各問いに答えよ。

（大阪教大附高平野）

訪れたい場所リスト	
名称	内容
胆沢城跡（いさわじょう）	蝦夷（えみし）の拠点であった胆沢（岩手県奥州市）におかれた城柵（じょうさく）。（　A　）が802年に築いた。城内には政庁をはじめ多くの役所が設けられていた。
岩手銀行赤レンガ館	1911（明治44）年に盛岡銀行の本店として落成し，1936（昭和11）年に岩手殖産銀行（しょくさん）（のちに銀行名を岩手銀行に変更）がこの建物を譲り受け，本店として利用しはじめた。その後，1983（昭和58）年に岩手銀行新社屋完成に伴い中ノ橋支店となった。建物の設計は東京駅を設計したことでも知られる，辰野金吾（たつのきんご）によるもので，辰野金吾が設計した建築としては東北地方に唯一残る作品。2012（平成24）年8月に銀行としての営業を終了し，保存修理工事を経て2016（平成28）年7月に一般公開された。
後藤新平記念館（ごとうしんぺい）	①台湾総督（そうとく）のもとで民政局長（みんせい）（のち長官）となり，8年余り植民地行政に尽力し，のち東京市長，内務大臣，鉄道院総裁（そうさい）などを歴任した政治家の記念館。館内には後藤新平の幼少時代から晩年に至るまでのゆかりの品が数多く展示されており，生涯と業績を紹介している。
子安観音（こやす）（②マリア観音）	幽玄洞（ゆうげんどう）の裏手，猿沢川（さるさわ）にのぞんだ石灰岩洞窟（どうくつ）の中に安置されている。
③中尊寺金色堂（ちゅうそんじこんじきどう）	1124年に藤原清衡（きよひら）によって建立された阿弥陀堂（あみだどう）。内外を黒漆（くろうるし）で塗り，上に金箔（きんぱく）を押し，柱や須弥壇（まきえ）には蒔絵・螺鈿（らでん）が施されている。須弥壇の下には④奥州藤原氏三代の遺体が納められている。
⑤角塚古墳（つのづか）	本州最北端の前方後円墳として，国指定史跡になっている古墳。前方部が南を向いている。古墳の北側には，日本庭園風に整備された公園がある。
新渡戸稲造生誕の地（にとべいなぞう）	⑥国際連盟事務局次長をつとめ，国際平和のために尽力した人物の生誕の地。没後50年を記念して銅像が建てられた。
⑦原敬記念館（はらたかし）	原敬の生家に隣接して建てられた記念館。原敬日記の原本をはじめとして遺品・書簡・関係文書・刺殺された際の衣服などの資料が所蔵されている。
⑧宮沢賢治記念館（みやざわけんじ）	宮沢賢治の世界に親しむための施設。宮沢賢治の愛用品や原稿などゆかりの品を展示している。
無量光院跡（むりょうこういん）	奥州藤原氏の三代目である藤原秀衡（ひでひら）が⑨平等院鳳凰堂（びょうどういんほうおうどう）を模して建立した寺院の跡。奥州藤原氏滅亡後，建物は消滅・荒廃したが，遺跡は良好な状態で保存されている。

問1　表中の（　A　）は当時の征夷大将軍（せいいたいしょうぐん）があてはまる。この人物名を漢字で答えよ。（　　　　　）

問2　次の文は，日本の経済史や人々の生活について述べたものである。赤レンガ館が岩手殖産銀行や岩手銀行の本店として利用されていた期間の文として正しくないものを，次のア〜エより一つ選び，記号で答えよ。（　　　）

　ア．第四次中東戦争をきっかけとして，石油価格が大幅に上昇し，日本の高度経済成長は終わりを迎えた。

イ．池田勇人内閣は所得倍増をスローガンにかかげ，経済成長を促進させる政策を展開した。

ウ．地価と株価の異常高騰による好景気はバブル経済と呼ばれたが，バブル経済は崩壊した。

エ．コメの配給が不足し，配給品の遅配や欠配が続いたので，都市の民衆は農村へ買出しや闇市での闇買いで飢えをしのいだ。

問3　下線部①について，台湾総督府は台湾に設置された日本の台湾統治の官庁であるが，日本が台湾の譲渡を認められた条約について説明した文として正しくないものを，次のア〜エよりすべて選び，記号で答えよ。（　　　　）

ア．この条約を締結したときの日本の代表は伊藤博文首相と陸奥宗光外相であった。

イ．この条約において，清は朝鮮の独立を認め，日本に対し台湾以外に遼東半島や澎湖諸島を譲渡した。

ウ．この条約において，ロシアは樺太（サハリン）の南半分を日本の領土とすることを認めた。

エ．この条約が結ばれたあと，台湾では外国人を追い出そうとする義和団事件がおきた。

問4　下線部②について，マリア観音とは観音像を聖母マリア像に擬したもので，禁教令下においてキリスト教徒がひそかに信仰の対象としたものであり，日本のさまざまな場所に存在している。禁教令に関して述べた文として正しくないものを，次のア〜エより一つ選び，記号で答えよ。

（　　　　）

ア．徳川家康は当初，キリスト教の日本への影響よりも貿易を優先していた。

イ．徳川秀忠が将軍の時代になると，宣教師の国外追放や全国への禁教令が出された。

ウ．徳川家光が将軍の時代になると，スペイン船の来航や日本人の海外への渡航を禁止した。

エ．キリシタンの多い島原（長崎県）と天草（熊本県）で，1637年に一揆がおきたが，幕府が派遣した天草四郎により鎮圧された。

問5　下線部③の中尊寺金色堂に関連して，「五月雨の　降り残してや　光堂」などの句をよみ，『おくの細道』を書いた人物は誰か。また，この人物と同じ時期に活躍した人物を，次のア〜エよりすべて選び，記号で答えよ。人物名（　　　　）　記号（　　　　）

ア．井原西鶴　　イ．十返舎一九　　ウ．近松門左衛門　　エ．夏目漱石

問6　下線部④の奥州藤原氏について述べた文として正しいものを，次のア〜エより一つ選び，記号で答えよ。（　　　　）

ア．東北地方で起きた保元の乱・平治の乱をきっかけとして，奥州藤原氏は平泉（岩手県）を中心に勢力をふるった。

イ．奥州藤原氏は金（砂金）や馬などの産物で富を築き栄えた。

ウ．中尊寺金色堂では奥州藤原氏の一人である藤原道長の遺体が安置されている。

エ．源義経をかくまったとして，平清盛により攻められ，奥州藤原氏はほろんだ。

問7　中尊寺は天台宗の東北大本山である。これに関連して，仏教について述べた文として正しいものを，次のア〜エよりすべて選び，記号で答えよ。（　　　　）

ア．仏教は紀元前6世紀ごろ，インドのシャカによって開かれ，シルクロードを通って中国へ伝えられた。

イ．6世紀半ばに百済から仏教が伝わると，物部氏や聖徳太子（厩戸皇子）は積極的に寺院を立て，仏教を取り入れようとした。

ウ．聖武天皇は仏教の力で国を守り，疫病を鎮めようとし，都に東大寺を建て，地方には国ごとに国分寺と国分尼寺を建てた。

エ．天台宗は，遣唐使とともに唐にわたった空海が開き，高野山に金剛峰寺を建てた。

問8　奥州藤原氏滅亡後，奥州の御家人統率のために鎌倉幕府は，奥州総奉行という統治機関を設置した。これに関連して，鎌倉時代の御家人について述べた文として正しいものを，次のア～エより一つ選び，記号で答えよ。（　　　　）

ア．将軍の家人であり，将軍からの御恩に対し，京都や鎌倉の警備を分担するなどの奉公の義務を負った。

イ．将軍直属の家臣であり，参勤交代の義務を負った。

ウ．将軍からの御恩は，御家人の働きに応じて米で支給された。

エ．領国の支配を一任され，商工業者などを呼び寄せて城下町を作り，分国法と呼ばれる独自の法で支配した。

問9　下線部⑤の角塚古墳について，現在も墳丘が維持されているが，上空から見るとどのような形をしていると推測できるか。解答欄に沿って形を描け。

```
┌──────────┐
│     北    │
│          │
│          │
│          │
│          │
│          │
│     南    │
└──────────┘
```

問10　角塚古墳が造られたのは，5世紀末から6世紀の前半とみられている。次のア～エの文のうち，5世紀より後に起きた出来事をすべて選び，記号で答えよ。（　　　　）

ア．ヘブライ人（ユダヤ人）は一神教を信仰するようになり，ユダヤ教として確立した。

イ．アラビア半島のメッカで，ムハンマドがイスラム教を始めた。

ウ．イエスがはじめたキリスト教がローマ王国の国教となった。

エ．孔子が思いやりの心（仁）と正しい行い（礼）を基本とする儒教を説いた。

問11　下線部⑥に関連して，次の文ア～クは国際連盟，国際連合どちらについて説明した文か。それぞれ選び，記号で答えよ。なお，いずれにもあてはまらない文もある。

国際連盟（　　　　）　国際連合（　　　　）

ア．アメリカ大統領ウィルソンの提案にもとづき設立された。

イ．領土の拡張や変更を禁止する大西洋憲章が基本理念となり設立された。

ウ．ベルギーのブリュッセルが本部である。

エ．スイスのジュネーブが本部である。

オ．アメリカのニューヨークが本部である。

カ．ソ連やドイツは当初加盟を認められなかった。

キ．アメリカ・イギリス・フランス・ソ連の4か国が常任理事国である。

ク．イギリス・フランス・イタリア・日本の4か国が常任理事国である。

問12　下線部⑦に関連して，次の文章は原敬についての説明文である。下線部(ア)～(ウ)のうち誤っているものはどれか，記号で答えよ。なお，すべて正しい場合はエと答えよ。（　　　　）

原敬は，盛岡藩（岩手県）の出身で，(ア)華族や藩閥出身ではないため「平民宰相」とよばれた。(イ)外務大臣，陸軍大臣，海軍大臣以外の閣僚をすべて立憲政友会の党員が占める本格的政党内閣を組閣し，(ウ)満25歳以上のすべての男子に選挙権を与える普通選挙法を実現した。その後，東京駅で青年に襲われ殺害された。

問13　下線部⑧の宮沢賢治について，次のような略年譜を作成した。略年譜中(i)の時期における社会・経済の様子を説明した文として正しいものを，下のア〜エより一つ選び，記号で答えよ。

（　　）

宮沢賢治の略年譜	
西暦年	事項
1896	現岩手県花巻市に生まれる
1909	盛岡中学校入学
1915	盛岡高等農林学校に入学
1918	盛岡高等農林学校を卒業
1921	稗貫農学校教諭となる
1922	『永訣の朝』など詩作
1924	『注文の多い料理店』自費出版
1926	農学校退職
1928	肋膜炎にかかる
1931	病床で『雨ニモマケズ』を書く……(i)
1933	疲労と急性肺炎のため死去

ア．第一次世界大戦で戦場とならなかった日本では，大戦景気と呼ばれる好景気をむかえた時期であった。

イ．中国では，パリ講和会議によって中国民衆の反日感情が高まり，北京で学生を中心とした抗議運動などが起きた時期であった。

ウ．ロシアでは，レーニンらが臨時政府を倒し，ソビエト政府を樹立した時期であった。

エ．ニューヨークでの株価暴落に始まった不景気が世界中の国々に広まり，日本においても昭和恐慌と呼ばれる恐慌の時期であった。

問14　下線部⑨について，平等院鳳凰堂は極楽浄土を表現して建てられた阿弥陀堂である。この建物が建立された世紀の出来事について述べた文として正しいものを，次のア〜エより一つ選び，記号で答えよ。（　　）

ア．キリスト教勢力が，イスラム勢力の支配下に入ったエルサレムを奪回するために，十字軍の派遣を始めた。

イ．ヨーロッパにおいて，教会中心の価値観から人間中心の価値観への転換が模索されるルネサンス（文芸復興）が起きた。

ウ．元の皇帝フビライ＝ハンは，高麗に続いて日本も従えようと，日本へたびたび使者を送った。

エ．琉球では3つの王国が成立していたが，中山の王である尚氏により統一され，琉球王国が成立した。

問15　一遍は，布教の旅の際に自らの祖父である河野通信の墓（岩手県北上市）を訪れている。一遍について説明した文として正しいものを，次のア～エより一つ選び，記号で答えよ。（　　　）

ア．南無阿弥陀仏という念仏を唱えればだれでも極楽に往生できるという教えを説いた。

イ．煩悩深い人間（悪人）こそが救いの対象であるという教えを説き，浄土真宗（一向宗）を開いた。

ウ．法華経の題目（南無妙法蓮華経）を唱えれば人も国家も救われると説いた。

エ．極楽往生のよろこびを踊りで表現する踊念仏を始めた。

問16　石川啄木は岩手県生まれの歌人である。啄木は，「地図の上　朝鮮国に黒々と　墨をぬりつつ秋風を聴く」という短歌を残したが，この短歌は「朝鮮国」がどのようなできごとによって，日本の何になったことを表現しているか，次の石川啄木の略年譜を参考に簡潔に説明せよ。

（　　　　　　　　　　　　　　　　　　　　　　　　　　　　　　　　　　　　　）

石川啄木の略年譜	
西暦年	事項
1886	岩手県日戸村に生まれる
1898	盛岡中学校に入学
1902	中退後上京。与謝野鉄幹・晶子を訪問
1905	第一詩集『あこがれ』刊行
1909	東京朝日新聞社に就職
1910	評論『時代閉塞の現状』執筆
	第一歌集『一握の砂』刊行
1912	病没

近畿の高校入試

中1・2の復習

社会

解答・解説

英俊社

1．世界・日本のすがた

（2ページ）

1　問1．(ア)はフィンランド，(エ)は南アフリカ共和国，(ク)はアルゼンチン，(ケ)はブラジル，(シ)はメキシコ。

　　問2．ロンドン（イギリス）の旧グリニッジ天文台を通る経線。

　　問3．兵庫県明石市などを通る経線。

　　問4．モスクワと日本の経度差は，135－45から90度。経度差15度で1時間の時差が生じることから，両地点の時差は90÷15から6時間となる。日本はモスクワより6時間進んでいるので6時間を引けばよい。

　　答　問1．①(コ)　②(オ)　③(キ)　④(サ)　⑤(カ)　⑥(イ)　⑦(ウ)　問2．本初子午線　問3．日本標準時子午線

　　　　問4．(ア)

2　問1．「シャンハイ」は経済特区には含まれない。なお，①の「一人っ子政策」は2016年から廃止されている。

　　問2．ガンジス川の上流域では小麦が，中・下流域では稲が，河口付近ではジュートの栽培がさかん。

　　問3．特にアメリカ南部では，スペイン語を母語とした人々であるヒスパニックの割合が高くなっている。

　　問4．インドネシアやパキスタンでは，イスラム教徒の割合が約9割を占めている。

　　答　問1．③　問2．①　問3．③　問4．④

3　(1)　a．中東の政治的紛争は完全に解消されていない。

　　　　d．南回り航路と比べて，航行距離は短いため，燃料は少なくすむ。

　　(2)　北極海の海氷が，地球温暖化によって減少している。

　　(3)　緯線と経線が直角に交わる地図。赤道から離れて緯度が高くなるほど，実際の面積・距離よりも大きく表される。

　　答　(1)(う)　(2)地球温暖化　(3)メルカトル図法

4　A．アは北海道，イは愛知県と三重県，ウは福岡県，エは福井県と京都府に位置する湾。

　　B．アとエは鹿児島県（ただし，アの方が南に位置する），イは北海道，ウは新潟県にある島。

　　C．アは北海道，イは宮城県，ウは鳥取県，エは青森県にある漁港。

　　D．盛岡は岩手県の県庁所在地。

　　E．アは群馬県，イは埼玉県，ウは京都府，エは沖縄県で生産されている。

　　答　A．イ　B．エ　C．イ　D．ア　E．ウ

5　問1．作品に描かれている山は富士山で，山梨県と静岡県の県境に位置する。

　　問2．1991年6月に長崎県の雲仙岳（普賢岳）で大規模な火砕流が発生し，多くの犠牲者が出た。

　　問3．国土交通省ハザードマップポータルサイトから，各地域のハザードマップが入手できる。

　　問4．液状化現象による地盤沈下や，津波による建物の浸水・崩壊などが予想される。津波の襲来が予想される地域では，できるだけ高い場所，海から離れた場所へ避難する必要がある。

　　問6．シラスでは，水はけのよい土地を利用して，さつまいもや茶の生産が盛んに行われている。

　　問7．①　乳用牛も含め，牛の飼育は北海道が盛ん。

　　　　　②　鹿児島ではブランド豚の飼育が盛ん。

　　　　　③　東北地方の県も上位に入っていることがポイント。

　　答　問1．ウ　問2．火砕流　問3．ハザードマップ　問4．（被害）イ・エ　（ポイント）カ・コ

　　　　問5．シラス（または，白砂・白州）　問6．さつまいも　問7．ア

6　問1．①　東北地方最長の河川。

　　　　　②　山形県内のみを流れる河川。

　　　　　③　日本最長の河川。

　　　　　④　江の川流域では，たたら製鉄がさかんで大正時代ごろまで続いていた。

問2．⑤　北海道東部にある十勝平野の中央に位置する都市。

　　　⑥　静岡県西部に位置する政令指定都市。

　　　⑦　徳島県東部に位置する県庁所在地。

問3．「ブドウ」の生産もさかんだが，生産量は山梨県や長野県の方が多い。「リンゴ」は青森県が生産量日本1位。

問4．関東地方で利根川が流れていないのは，栃木県と神奈川県。なお，渡良瀬川や鬼怒川が下流で利根川と合流している。

問5．火山灰にふくまれる鉄の成分が酸化して，土が赤色になっている。

答　問1．①北上　②最上　③信濃　④江の　問2．⑤オ　⑥エ　⑦ウ　問3．ア　問4．イ

　問5．関東ローム層　問6．ア

2．世界各地のようす

§1．暮らし・気候などのようす (9ページ)

[1] 問1．積乱雲の下に生まれる下降気流が，地面にぶつかって水平方向に吹くことで起こる。

　　問2．アは熱帯，イは寒帯や亜寒帯（冷帯），ウは温帯の地中海沿岸の伝統的な住居の説明。

　　問4．パイナップルはフィリピンやブラジルなどの熱帯の国々でおもに栽培されている。

　　問5．暖流の北大西洋海流の上を吹くために，ヨーロッパの高緯度地域に暖気をもたらしている。

　　問6．A．温帯から亜寒帯（冷帯）にかけて分布しているマツやスギなどの樹木。

　　　　　B．北極海沿岸やグリーンランド南岸などにみられる気候。

　　問7．aは一年中高温なので熱帯のグラフ。bは冬の寒さは厳しく夏は気温が高くなる亜寒帯（冷帯）のグラフ。cは一年を通してほとんど降水がみられないので乾燥帯のグラフ。eは寒帯のグラフ。

　　答 問1．スコール　問2．エ　問3．遊牧　問4．ウ　問5．偏西風　問6．A．針葉　B．ツンドラ

　　問7．d

[2] 問1．アは砂漠気候，イは熱帯雨林気候，ウは亜寒帯（冷帯）気候，エは地中海性気候の特色。

　　問2．①は熱帯雨林気候，②は亜寒帯（冷帯）気候，③は地中海性気候の雨温図。

　　答 問1．A．ア　B．ウ　問2．イ

[3] 問1．A．中国。「世界最長の防御建造物」とは，万里の長城のこと。

　　　　　B．イタリア。夏は高温となり乾燥する地中海性気候に属する。

　　　　　C．フランス。暖流の北大西洋海流と偏西風の影響から緯度が高い割には冬でも温暖で，年間を通して安定した降水がある西岸海洋性気候に属する。

　　　　　D．アメリカ。「キング牧師」は，人種差別撤廃を訴える公民権運動を指導した人物。

　　　　　E．ロシア。夏と冬の気温差が大きく，特に冬の寒さが厳しい亜寒帯（冷帯）気候に属する。

　　問2．スペインでは，シエスタと呼ばれる長めの昼休憩をとる習慣があり，その時間は商店も閉まるため，「平日昼過ぎ」の時間は，人通りが非常に少ない。

　　問3．(1)「ヒンドゥー教」の特徴を選択。アは仏教，イはキリスト教，エはイスラム教の特徴。

　　　　　(2)　B．「7月のタイ」は雨季で，1年でもっとも多く雨が降る時期にあたる。

　　答 問1．A．北京，4，ウ　B．ローマ，3，ア　C．パリ，5，オ　D．ワシントンD.C.，1，エ

　　E．モスクワ，2，イ

　　問2．エ　問3．(1) ウ　(2) イ

§2．各地域のようす (15ページ)

[1] 1．あ．EU加盟国にはユーロを導入していない国もある。

　　　い．フィヨルドはチリ南部などでも見られる。

　　　う．白夜とは反対に，一日中太陽が沈んだ状態が続く現象を極夜という。

　　　お．乳牛の飼育には涼しい気候が適している。

　　　か．地中海沿岸の地域は夏に乾季があるため，乾燥に強い作物の生産が盛ん。

　　2．(1)　スカンディナビア半島にはノルウェー，スウェーデンと，フィンランド，ロシアの一部が位置している。

　　　(3)　北海はイギリスとスカンディナビア半島の間に位置する海。

　　　(4)　イタリアはオリーブの生産量が世界1位（2019年）。

(5)　「EUの穀倉」とも呼ばれている。

(6)　イギリスは2020年1月に正式にEUを離脱した。

3．①　イギリスの首都。

　　②　国際金融の中心となっている都市。

　　③　スウェーデンの首都。

　　④　フランスの首都。

4．本初子午線とは，経度0度の経線のこと。東京との経度差は135度あり，経度差15度で1時間の時差が生じるので，135÷15から時差は9時間となる。本初子午線より東側の地域（東経）の方が時刻は進んでいる。

5．欧州連合ともいう。

6．「あ」はスカンディナビア山脈，「う」はピレネー山脈。

答　1．あ．ユーロ　い．フィヨルド　う．白夜　え．混合　お．酪農　か．地中海

　2．(1)ク　(2)オ　(3)ウ　(4)イ　(5)キ　(6)ア　3．①ア　②オ　③エ　④イ　4．イ

　5．ヨーロッパ連合　6．い

2　問1．じゃがいもやビートなども栽培されている。

　問2．ⅱ）アはロワール川，ウはエルベ川，エはドナウ川。

　問3．バチカン市国はローマ市内にある，国土面積0.44km²の国。

　問4．輸送距離が短く済むため，排気ガスの排出量が少なく済むなどの利点がある。

　問5．本初子午線はイギリスのロンドンなどを通る。

　問6．日本（東経135度）とイギリス（経度0度）の経度差は135度。経度差15度で1時間の時差が生じるので，135÷15から時差は9時間。東に位置する日本の方が時刻が早いので，2月10日午前11時の9時間前となる。

　問7．Y．ニュージーランドの先住民は，「アボリジニ」ではなくマオリ。

　問9．冬には1日中太陽が昇らない日もあり，「極夜」という。

　問10．ⅰ）E国はフランスで，北緯45度付近に位置する。

　　　　ⅱ）フランスをはじめとしたヨーロッパ北西部は西岸海洋性気候に属している。

　問11．ⅰ）ヨーロッパの北部や西部には豊かな国が多く，南部や東部には貧しい国が多い。

　　　　ⅱ）Cのイギリスは2020年に離脱し，Dのノルウェーは非加盟となっている。

　　　　ⅲ）人口が最も多いアが中国。アと面積がほぼ同じウがアメリカ。アメリカの面積の約25分の1のエが日本。

　答　問1．混合　問2．ⅰ）国際河川　ⅱ）イ　問3．ウ　問4．地産地消　問5．本初子午線

　問6．2月10日午前2時　問7．イ　問8．フィヨルド　問9．白夜　問10．ⅰ）ウ　ⅱ）エ

　問11．ⅰ）ア　ⅱ）ウ　ⅲ）イ

3　問1．アタカマ砂漠は南アメリカ大陸に位置する。

　問2．かんがい農業とは，農作物を育てるのに必要な水を地下水や河川などから引いてきて行う農業。

　問3．モノカルチャー経済は，単一の商品作物に依存しているため，何らかの影響で不作になったり，市場価格が下落したりすると，その国の経済に大きな影響を与えることになる。

　問4．Aはアルジェリア，Bはエジプト，Cはエチオピア，Dはコンゴ民主共和国，Eは南アフリカ共和国。エチオピアは1922年にイタリアの侵略を受けるまで独立を保っていた。

　問5．バナナはインド，ぶどうは中国，コーヒーとさとうきびはブラジルが生産量1位（2020年）。

　答　問1．2　問2．1　問3．4　問4．C　問5．5　問6．ODA

4　問2．大西洋と合わせて「三大洋」と呼ばれる。

問 3．ユーラシア大陸に次いで面積の広い大陸。

問 4．「アルプス山脈」はヨーロッパの中南部，「マレー半島」（東南アジア）の南に位置する。

問 5．ウは「内陸部」と「沿岸部」が逆になっている。

問 6．赤道はインドネシアのスマトラ島などを通る 0 度の緯線。

答 問 1．A．インド　B．インドネシア　問 2．あ インド洋　い 太平洋　問 3．アフリカ（大陸）

　　問 4．ア　問 5．ウ　問 6．③　問 7．ASEAN

5 (1)　経度 0 度の本初子午線から東側へ 180 度までが東経，西側へ 180 度までが西経で表される。日本の標準時子午線は東経 135 度なので，バンコクとの経度差は，135 － 103 ＝ 32（度）　経度差 15 度で 1 時間の時差が生じるので，日本はバンコクより約 2 時間進んでいることになる。

(2)　「カリマンタン島」はジャワ島の北に位置し，北部はマレーシア及びブルネイ，南部はインドネシアの領土となっている。

(3)　農作物のグラフはアジアの国々が上位を占めていること，地下資源のグラフは中国が過半を占めていることがヒントとなる。「鉄鉱石」はオーストラリアやブラジルで多く産出されている。

(4)　あはマレーシア。アはフィリピン，イはシンガポール，エはベトナムの説明。

(5)　パリ近郊都市は，高緯度のわりには冬でも温暖で，一年を通して降水量の変化が小さい西岸海洋性気候に属している。

答 (1) イ　(2) ウ　(3) ア　(4) ウ　(5) イ　(6) プランテーション

6 問 1．①　アパラチア炭田で採れる石炭と，メサビ鉄山の鉄鉱石などを利用して栄えた都市。

　　　　③　高度経済成長期の日本では鉄鋼業が産業の中心だった。

　　　　④　労働力も豊富に確保できる地域。

　　　　⑤　カリフォルニア州沿岸部に位置している。

　　　　⑥　石炭や石油などの化石燃料を燃やしたときなどに発生する。

問 2．西経 100 度より西側からロッキー山脈の間に広がるグレートプレーンズは降水量が少ない。温暖な南部は昔から綿花の栽培がさかんで，かつてはアフリカ大陸から連れてこられた黒人奴隷が農園で働かされていた。

問 3．南米の国の生産量・輸出量に注目。(イ)は小麦，(ウ)はとうもろこし，(エ)は牛肉。

問 4．ラスベガスは砂漠気候に属する。

答 問 1．①(オ)　②(エ)　③(セ)　④(コ)　⑤(カ)　⑥(ス)　問 2．A．(イ)　B．(ウ)　C．(エ)　問 3．(ア)　問 4．(Y)

7 (問 1)「アパラチア山脈」は北アメリカ大陸の東部に南北に連なる山脈。「ニジェール川」はアフリカ大陸西部を流れる川。

(問 2) 逆に 1 日中太陽が沈んだ状態が続く現象は極夜といい，カナダ北部では冬至の時期に見られる。

(問 3) B国（メキシコ）はスペインに植民地支配されていた歴史がある国。

(問 4) C国（ブラジル）とE国（アルゼンチン）で最も多く信仰されているのはキリスト教（カトリック）。インドネシアはイスラム教，イスラエルはユダヤ教，タイは仏教を信仰している人が多い。

(問 5) モノカルチャー経済は，市場の国際価格の変動などの影響を大きく受けるため，経済が不安定となる問題を抱えている。

(問 6)　④　森林伐採量が 100 百万 m^3 を超えているのはA国とC国。A国（カナダ）の大部分は亜寒帯に属している。

　　　　⑤　とうもろこしと大豆の生産が最も低い国は，「E国」ではなくD国なので誤り。

答 (問 1) イ　(問 2) イ　(問 3) ウ　(問 4) エ　(問 5) ア　(問 6) ① ア　② ア　③ ア　④ イ　⑤ イ

8 1．X は南アフリカ共和国，Y はオーストラリアを指す。

2．(1)　異人種間の結婚なども禁止されていた。

　(2)　商業・サービス業などが含まれる。

　(3)　アジアなどからの移民が制限されていた。

　(4)　アルミニウムの原料。

　(5)　発展途上国の一次産品と先進国の工業製品の貿易を垂直貿易，先進国間に多い工業製品どうしの貿易を水平貿易という。

答　1．X．オ　Y．ウ　2．(1)キ　(2)エ　(3)ク　(4)オ　(5)ア　3．ア

⑨ (1)　ⓐ　オーストラリアの国旗の左上には，イギリスの国旗が描かれている。

　(2)　冬に雨が多く，夏は晴天が続いて乾燥する「地中海性気候」に属するギリシャでは，地中海式農業がさかん。

　(3)　中国は，漢〔民〕族以外に，55の少数民族が暮らす多民族国家となっている。

　(4)　経度差15度で1時間の時差が生じる。ロンドンは0度の経線，東京は東経135度を標準時子午線としているから，経度差は135度（135度－0度）となり，時差は9時間とわかる。ロンドンより東にある東京の方が時刻は進んでいるので，飛行機の出発時刻（東京1月10日午前10時）は，ロンドンの現地時間で1月10日午前1時。飛行機の到着時刻はその12時間後となっている。

　(5)　エクアドルの首都であるキトは，アンデス山脈の中腹にあり，標高は約2800m。

　(6)　オーストラリアとイギリスは英語を公用語としている。

　(7)　「鶏肉」がヒント。アはBのギリシャ，イはAのオーストラリア，エはDのイギリス，オはCの中国。

　(8)　図Ⅳは，正距方位図法で描かれた地図で，中心の東京からの距離と方位が正しい。一番近いのはペキン，一番遠いのはリオデジャネイロ。

答　(1)ⓐ　イ　ⓑ　アボリジニ〔ー〕　(2)ア　(3)漢　(4)12（時間）

　(5)標高が高いところに位置している（15字）（同意可）　(6)エ　(7)ウ　(8)シドニー

⑩ 問1．(ア)はスペイン，(イ)はフランス，(ウ)はイタリア。

　問2．現在のギリシャの首都。

　問3．(ア)は中国，(ウ)はアメリカ合衆国，(エ)は日本を示している。

　問4．EU加盟国の中には，ユーロを導入せずに独自の通貨を使用している国もある。

　問5．シェンチェンやアモイなど，沿岸部に設置されている。

　問7．4．流域面積が世界最大の川。「ラプラタ川」は，アルゼンチンなどを流れる川。

　　　　5．「ジブラルタル海峡」は，大西洋と地中海とを結ぶ海峡。

　問8．メキシコでは，人口の半分以上がメスチソで占められている。

　問9．「ウルル」はエアーズロックと呼ばれることもある。

　問10．経度差15度で1時間の時差が生じる。シドニーとダッカとの経度差は60度（150度－90度）なので時差は4時間。ダッカより東にあるシドニーの方が時間は進んでいる。

　問11．Xはインド。約8割の人々がヒンドゥー教を信仰している。

　問12．Yはモンゴル。広大な草原で遊牧生活をする人々がいる。

答　問1．(エ)　問2．アテネ　問3．(イ)　問4．ユーロ　問5．経済特区　問6．(エ)　問7．(イ)

　問8．メスチソ（または，メスチーソ）　問9．(イ)　問10．(イ)　問11．ヒンドゥー教

　問12．ゲル（または，パオ）　問13．エコツーリズム

⑪ 問1．「メルボルン」では，1956年にオリンピックが開催された。また，「一人っ子政策」は中国で実施されていた人口抑制政策。

　問2．(1)　単一作物や資源は国際価格の変動の影響を受けやすいため，経済が不安定となりやすい。

　　　　(2)　ア．「コーヒー豆」よりも大豆などの生産に力を入れたことがわかる。

　　　　　イ．鉄鉱石の割合は下がっているが，総額が増えていることから輸出額も増えている。

　　　　　ウ．1970年のグラフからは自動車の輸出割合は読み取れない。

　問3．東京（東経135度）とロンドン（経度0度）の時差は9時間で，東京の方が時刻が早いが，ロンドン

　　　はサマータイム（夏時間）で通常より時刻が1時間早くなっているので，ロンドンの時刻は東京時間の－8

　　　時間となる。

　答　問1．ウ　問2．(1) 限られた作物や資源の生産と輸出によって成り立つ経済。（同意可）　(2) エ

　　　問3．（7月）27（日）10（時）

3．日本各地のようす

§1．地域の調査 (34ページ)

1 問1．地形図では，中央西寄りの斜面を境に，西側が低地となっている。ハザードマップでは，その低地が「浸水が想定される区域」となっているため，反時計回りに90度回転していることがわかる。

　問2．等高線の間隔が狭い場所が，急な斜面となっていることから考える。

答 問1．ウ　問2．イ

2 問1．2万5千分の1の地形図では，主曲線が10mごと，計曲線が50mごとに引かれている。

　問2．1．天狗岳のすぐ南に位置するのは根石岳。

　　　　2．尾根とは山地の一番高い部分の連なり。

　　　　3．赤岩ノ頭は地図Ⅱの中央あたりにあるので，その北東にあるのは硫黄岳。

　　　　4．硫黄岳から南下して赤岳までに至る過程に横岳がある。

　問3．地図Ⅰから赤岳の位置を確認する。

　問4．途中の山から行者小屋に向かってゆるやかな下り坂になっている点に注目。

答 問1．2万5千分の1（または，1:25,000）　問2．1．根石岳　2．夏沢峠　3．硫黄岳　4．横岳

　　問3．山梨(県)　問4．ウ　問5．夏沢鉱泉

3 問1．①　2002年から用いられるようになった。

　　　　③　三角点とは，正確な位置を測量する時に基準となる点で，国土地理院が設置している。

　問2．A．広島市は瀬戸内の気候のため，年間降水量が比較的少ない。

　　　　B．高知市は，沖合を暖流の黒潮（日本海流）が流れており，台風が通過することも多いため，年間降水量が多い。

　　　　C．鳥取市は日本海側の気候のため，冬に吹く北西の季節風により，降水（降雪）量が多くなる。

　問3．住宅地は沿岸部の低地に集中しており，東部の台地には針葉樹林がみられる。

答 問1．①博物館(または，美術館)　②針葉樹林　③三角点　④郵便局　問2．イ　問3．ウ

§2．各地域のようす (40ページ)

1 〔問2〕　アの「日本で最大の流域面積をもつ河川」は利根川，ウの「中央部の平野」は石狩平野のこと。

　〔問3〕　アにはB，ウにはDの地域があてはまる。

　〔問4〕　日本海側には暖流の対馬海流が流れており，その上を冷たい風が吹くと温度差があることから水蒸気が発生しやすい。

　〔問5〕　アは福島県，イは京都府，ウは岩手県，エは石川県の伝統産業。

　〔問6〕　日本の原子力発電は，2011年に発生した東日本大震災に伴う福島第一原子力発電所の事故の影響から，国内の全発電所が一時運転停止となった。現在は再稼働しているところもあるが，以前よりは割合が低くなっている。

答 〔問1〕〔北海道〕開拓使　〔問2〕ウ　〔問3〕(地域) C　(説明) イ

　　〔問4〕大量の水蒸気(または，大量の水分)を含み(同意可)　〔問5〕エ　〔問6〕 A イ　 B ウ　 C ア

2 問1．1．日本最長の山脈。

　　　　2．①は北海道，②は岐阜県，愛知県，三重県の3県，④は島根県に広がる平野。

　　　　3．高速道路沿いに多くの工業団地が形成されている。

　問2．釧路湿原はラムサール条約の登録地となっている。

問3．洞爺湖と同じく北海道に位置する摩周湖や屈斜路湖もカルデラ湖。

問4．この北東風を「やませ」という。

問6．潮目には暖流にすむ魚も寒流にすむ魚も集まるため，良い漁場となる。

問7．ドイツは再生可能エネルギーの活用が進んだ国。フランスでは原子力発電がさかん。

問8．宮城県は東北地方の中では最も人口の多い県で，商業が発達している。①は青森県，③は秋田県，④は福島県。

答 問1．1．② 2．③ 3．③ 4．④ 問2．② 問3．① 問4．② 問5．② 問6．③ 問7．① 問8．②

3 問1．① 三重県にある半島。

③ 兵庫県神戸市と淡路島を結ぶ橋。淡路島と徳島県鳴門市をつなぐ大鳴門橋とともに，神戸淡路鳴門自動車道の一部を形成している。

④ 「ものづくりのまち」として知られている。

問2．「りん」は水質汚染につながる物質のため誤り。

問3．舞鶴は，降雪による冬の降水量が多い日本海側の気候に属する。大阪は瀬戸内の気候，潮岬は夏の降水量が特に多い太平洋側の気候に属する。

問4．日本列島に沿って，太平洋側を南西から北東にむけて流れる暖流。

問5．尾鷲は日当たりが良く，降水量も多いため，樹木の生育に適している。

問6．国産木材より外国産木材のほうが安価なため，輸入が増加している。

問7．日本の産業の中心は，繊維工業から機械工業へと移り変わった。

問9．六甲アイランドも造成された。

答 問1．① 志摩 ② 淀 ③ 明石海峡 ④ 東大阪 問2．(ウ) 問3．(ア) 問4．日本海流(または，黒潮)
問5．(ア) 問6．(エ) 問7．(イ) 問8．ニュータウン 問9．神戸(市)

4 問1．A．①は広島県。尾道・今治ルート（瀬戸内しまなみ街道）が開通している。

B．②は高知県。日本三大清流は四万十川，岐阜県の長良川，静岡県の柿田川を指す。

問2．b．「うず潮がみられるルート」とは神戸・鳴門ルートのこと。明石海峡大橋から淡路島を経由して大鳴門橋につながるルート。鉄道が通っているのは児島・坂出ルート（瀬戸大橋）。

c．「小豆島を経由するルート」は存在しない。

問3．②は太平洋側の気候。③の鳥取県は，降雪により冬の降水量が多い日本海側の気候，⑥の岡山県は，年間を通して降水量が少ない瀬戸内の気候。

問5．アは三重県，イは静岡県，ウは群馬県，エは岩手県の各県庁所在地。三重県は四日市市，静岡県は浜松市，群馬県は高崎市のほうが人口が多い。

問6．④は山口県。秋吉台で見られる地形。

問7．みかんは，国内生産量の減少傾向が著しい果実。みかん農家の高齢化が進み，栽培をやめる農家数が増えていることに加え，海外からもオレンジが輸入されていることなどが背景にある。

問9．茨城県は神栖市などで，水はけのよい砂地と温暖な気候を利用し，ピーマンの生産量日本一を誇っている。

答 問1．A．尾道 B．四万十 問2．ウ 問3．オ 問4．境〔港〕(港) 問5．エ
問6．カルスト(地形) 問7．イ 問8．ア 問9．エ

5 (2) Cは雲仙岳，Dは阿蘇山，Fは桜島。

(3) Gは有明海で，沿岸ではのりの養殖がさかん。

(4) (ア)「2倍以上」が誤り。日南市の差は18.9℃，石垣市の差は10.7℃で，その差は約1.8倍にしかならない。

㈑　月別降水量は，日南市の方が多い月もある。

㈒　石垣市で月別降水量が最も多いのは9月，月別日照時間が最も短いのは1月。

(5)　Lは北海道の割合が最も高いこと，Mは東北地方の岩手県や青森県の割合が高いことに注目する。

(6)　稲作は水もちのよい土地での栽培がさかん。シラス台地では畑作や畜産がさかん。

(8)　原子力発電所は，佐賀県（玄海町）と鹿児島県（薩摩川内市）にある。

(9)　最も人口が多い年齢層は，1980年の男性は45〜49歳，女性は50〜54歳，30年後の2010年では男女ともに75〜79歳になっている。

⑽　㈑の第2位は政令指定都市である福岡県北九州市。㈠は関東地方，㈒は中国地方，㈡は東北地方，㈣は四国地方。

⑾　観光業がさかんな沖縄県は，第3次産業人口割合が高い。

⑿　福岡空港—鹿児島空港間の利用者は，新幹線の開業で減少したと考えられる。よって，Xが那覇空港とわかる。那覇空港の利用者の発着先は，福岡空港の方が多い。

答　(1)㈠　(2)㈒　(3)㈡　(4)㈡　(5)㈑　(6)㈒　(7)㈠　(8)㈡　(9)㈒　⑽㈑　⑾㈒　⑿㈣

6　問1．(1)　中央アルプスとも呼ばれる。木曽山脈の北には飛騨山脈，南には赤石山脈が連なる。

　　　　(2)　「やませ」は，初夏に東北地方の太平洋側に吹く。

　　問2．阪神工業地帯は「金属工業」，中京工業地帯は自動車を中心とした「機械工業」の割合が高い。

　　問3．千代田区には，昼間に通勤や通学を目的に人が多く集まるため，昼夜間人口比率が非常に高くなっている。アは練馬区，イは八王子市，ウは新宿区。

　　問4．Ⅰ．「看板」には落ち着いた色合いが使用されている。

　　問5．(2)　空欄には宮崎県が入る。アは愛媛県，イは鹿児島県，エは島根県。

答　問1．(1)木曽　(2)ア　問2．エ　問3．エ　問4．ウ　問5．(1)促成栽培　(2)ウ

7　問1．東京都周辺では大都市に近いことを生かした近郊農業が盛ん。北海道が塗られていないアは果実，北海道に加えて鹿児島県・宮崎県が塗られているウは畜産物，東北地方や新潟県が塗られているエは米。

　　問2．Bは栃木県。「とちおとめ」などの品種に代表されるいちごの栽培が盛ん。アは茨城県，ウは群馬県，エは埼玉県の説明。

　　問3．(2)　木曽三川の下流域に濃尾平野が広がっている。

　　　　(3)　木曽三川の下流域には，海水面より低い土地を堤防で囲んだ輪中が見られる。

　　問4．B．高度経済成長期に若い人が多く集まったニュータウンなどでは，50年以上がたった現在，住民の高齢化が進んでいる。

　　問5．倉敷市の水島地区には大規模なコンビナートが建設され，鉄鋼業や石油化学工業が盛ん。アは中京工業地帯，イは阪神工業地帯，エは東海工業地域の特徴。

　　問6．「百舌鳥・古市古墳群」は2019年，「琉球王国のグスク及び関連遺産群」は2000年に世界文化遺産に登録された。

　　問7．都道府県名と県庁所在地名が一致しないのは，A（札幌市）・B（宇都宮市）・F（那覇市）の3つ。

　　問8．九州地方は特に梅雨の時期に集中豪雨の被害を受けやすい。

答　問1．イ　問2．イ　問3．(1)カ　(2)三角州　(3)ハザードマップ　問4．イ　問5．ウ　問6．イ　問7．A・B・F　問8．エ

8　(1)①　Aは東京都。小笠原諸島は2011年に世界自然遺産に登録された。アは鹿児島県にある世界自然遺産。

　　(2)①　ふだんは波がおだやかなので養殖場や漁港に向いているが，地震の際には津波による被害を受けやすい。

　　　②　Bは三重県。尾鷲市は沖合に暖流の黒潮が流れ，一年中暖かく湿った空気が入りやすいため，雨が

　　　　降りやすい。アは兵庫県，イは大阪府，エは岐阜県の説明。

(3)　①　日本最長の山脈で，「日本の背骨」とも呼ばれる。

　　　②　Cは青森県。アは青森市が正しい。イの「南部鉄器」は岩手県の伝統工芸品。

(4)　①　Dは広島県。東北地方の仙台市や九州地方の福岡市なども地方中枢都市。

　　　②　稚貝や稚魚を海に放流して自然の力で育てる漁業は栽培漁業という。

(5)　A．面積が小さく，人口が多いことがヒント。

　　　C．「にんにく」がポイント。ウは広島県，エは三重県。

答　(1)① エ　② ヒートアイランド現象　(2)① リアス〔式〕海岸　② ウ　(3)① 奥羽山脈　② (d)

　　(4)① 地方中枢都市　② ア　(5)A．イ　C．ア

4．各時代の歴史

§1．原始・古代〜近世の歴史 (59ページ)

1　問1．相沢忠洋によって発見された群馬県の遺跡。アは青森県にある縄文時代の遺跡，イは佐賀県にある弥生時代の遺跡，エは大阪府にある古墳時代の遺跡。

　　問2．アは旧石器時代，ウは弥生時代，エは古墳時代以降の説明。

　　問3．イ．「木製の農具」も使用されていた。

　　　　　ウ．鎌倉時代ごろのこと。

　　　　　エ．江戸時代のこと。

　　問4．卑弥呼は，魏の皇帝から「親魏倭王」の称号を与えられたことがヒント。

　　問6・問7．ワカタケル大王（雄略天皇）の名を記した鉄刀や鉄剣が，九州や関東地方の古墳から発見されている。

　　答　問1．ウ　問2．イ　問3．ア　問4．ア　問5．イ　問6．ウ　問7．エ

2　問1．①　蘇我馬子と協力して，天皇を中心とする政治制度を整えようとした。

　　　　②　世界文化遺産にも登録されている。

　　　　③　当時は蘇我蝦夷・入鹿の親子が天皇をしのぐほどの権力を持っていた。

　　　　④　新羅は676年に朝鮮半島を統一し，935年に高麗によって滅ぼされた。

　　　　⑤　庚午年籍（こうごねんじゃく）という全国的な戸籍を初めてつくった。

　　問2．聖徳太子は推古天皇の甥（おい）にあたる。

　　問3．それまでの氏姓制度を改めようとしたもの。

　　問5．隋の進んだ制度や文化を取り入れようとした。

　　問6．630年以降，日本からは遣唐使が送られるようになった。

　　問7．「大化」は日本で初めて公式に使用された元号といわれる。

　　問8．中大兄皇子は敗戦後，唐や新羅の侵攻に備えて，西日本の各地に水城や山城を築かせた。

　　問9．天智天皇の子である大友皇子と，天智天皇の弟である大海人皇子（のちの天武天皇）が皇位をめぐって争った。

　　答　問1．①オ　②ク　③イ　④カ　⑤キ　問2．推古(天皇)　問3．冠位十二階　問4．十七条の憲法

　　問5．（使節）遣隋使　（人物）小野妹子　問6．唐

　　問7．（改革）大化の改新　（人物）中大兄皇子・中臣鎌足　問8．白村江の戦い

　　問9．壬申の乱，天武(天皇)

3　①　聖武天皇は全国に国分寺・国分尼寺を建てさせ，都に建てた東大寺には大仏をつくるように命じた。

　　②　平城京内に建てられた寺院。

　　問1．藤原京は694年，持統天皇の命令によって都となった。

　　問3．壬申の乱は古代最大の内乱といわれている。大海人皇子が勝利し，天武天皇となった。

　　問4．中国から西方への主な交易品が絹（シルク）であったことからその名が付けられた。「絹の道」ともいわれる。

　　問5．阿倍仲麻呂は遣唐使とともに中国へ派遣され，玄宗皇帝のもとで高官となった人物。

　　問6．エは奈良時代に成立した。

　　問7．「望月」とは満月のこと。まるで満月のように欠けたところがないほど自分の思い通りになっているようすを詠んだもの。

　　問8．ア・イは奈良時代，エは飛鳥時代のできごと。

答 ① 聖武　② 唐招提　問1. 藤原(京)　問2. 長安(または，西安)　問3. 壬申(の乱)　問4. シルク
　　　問5. ア　問6. エ　問7. 望月　問8. ウ

4 (1)　守護は，国内の軍事・警察，御家人の統率を担当した。地頭は，荘園などで税の取り立てや犯罪の取り
　　　しまりにあたった。また，鎌倉幕府の勢力は，成立初期には全国におよんでいなかった。
　　　答 (1) (い)　(2) 征夷大将軍

5 問1．(1)　鎌倉幕府の8代執権。
　　　　(2)　元軍は1274年と1281年の二度にわたって日本に襲来した。(ア)は1221年，(イ)は1297年，(ウ)は
　　　　　　1185年，(エ)は1189年の出来事。
　　問2．Ⅱは千利休。桃山文化にあてはまるものを選ぶ。(エ)は狩野永徳の代表作である「唐獅子図屏風」。(ア)は
　　　　　17世紀後半の菱川師宣，(イ)は18世紀後半の喜多川歌麿，(ウ)は15世紀後半ごろの雪舟の作品。
　　問3．Ⅲのフランシスコ・ザビエルは，1549年に鹿児島に上陸した。
　　問4．Ⅳの足利義満が1404年に始めた貿易。
　　問5．Ⅴは織田信長。(ア)は1568年，(イ)は1575年，(ウ)は1560年，(エ)は1571年の出来事。
　　答 問1. (1) (ウ)　(2) (イ)　問2. (エ)　問3. (ウ)　問4. 勘合(または，日明)貿易　問5. (ウ)→(ア)→(エ)→(イ)

6 問1．(1)　九州のキリシタン大名たちが，4人の少年をローマ教皇のもとへ派遣した。
　　　　(3)　フランシスコ＝ザビエルは，鹿児島に上陸した後，九州を中心に布教活動をした。
　　　　(4)　現在の愛知県西部にあたる尾張国の武将で，桶狭間の戦いで東海の有力大名だった今川義元を
　　　　　　破った。
　　　　(5)　本能寺の変が起こったのは1582年。
　　　　(6)　明の征服を目指し，朝鮮出兵も行った。
　　　　(7)　1603年に征夷大将軍に任じられ，江戸に幕府を開いた。
　　問3．「武力によって天下を統一する」という意味があったとされている。
　　問4．全国の田畑の面積や土地の良し悪し，所有者などを調べ，年貢の量を定めた。
　　問5．1600年，現在の岐阜県関ケ原町を舞台に戦われた天下分け目の戦い。
　　問6．1641年にオランダ商館を出島に移し，以後約200年にわたる鎖国体制が整った。なお，「鎖国」とい
　　　　　う語が使われるようになったのは19世紀初め。
　　答 問1. (1) 天正遣欧使節　(2) 鉄砲　(3) フランシスコ＝ザビエル　(4) 織田信長　(5) 明智光秀
　　　　(6) 豊臣秀吉　(7) 徳川家康
　　　問2. 長篠の戦い　問3. 天下布武　問4. 太閤検地　問5. 関ケ原の戦い　問6. 鎖国

7 (1)　Bは天保の改革，Cは享保の改革，Dは寛政の改革の内容。
　　(2)　②　いりこ・干しあわび・ふかのひれを合わせて俵物と呼んだ。
　　　　④　それまでは異国船打払令が出されていた。
　　　　⑤　参勤交代における江戸での滞在期間が半年に減らされた。
　　　　⑧　朱子学は身分の上下関係を厳しくとらえていたため，江戸幕府によって奨励された学問。
　　(3)　Aは1772年，Bは1841年，Cは1716年，Dは1787年に始まった。
　　答 (1) オ　(2) ウ　(3) ア

8 問2．作品Aは，寛政の改革を行った松平定信への批判がこめられた狂歌で，作者は不詳。
　　問3．『南総里見八犬伝』の作者は滝沢馬琴。伊能忠敬は「大日本沿海輿地全図」の作成に力を注いだ人物。
　　問4．イは喜多川歌麿，ウは葛飾北斎，エは東洲斎写楽の作品。クはゴッホの作品で，絵の背景に浮世絵の
　　　　　模写が確認できる。
　　答 問1. ア　問2. ウ　問3. ア　問4. ア，ク

9 問1．ウは11世紀頃の日本の様子。

問2．仏教は6世紀中頃に百済から日本に伝えられた。

問3．遣唐使の停止は894年（9世紀末）のできごと。

問5．エは1232年（13世紀）のできごと。

問6．日宋貿易をさかんにするために平清盛が大修築を行った，現在の神戸港の一部。

問7．エは1549年（16世紀中頃）のできごと。

問8．勘合は，倭寇と正式な使者（貿易船）を区別するために用いられた。

問9．応仁の乱がおこったのは1467年（15世紀中頃）のこと。

問10．「石見」がヒントとなる。

答 問1．ウ　問2．ア　問3．ウ　問4．白村江の戦い　問5．エ　問6．大輪田泊　問7．エ

　　問8．勘合貿易　問9．イ　問10．銀

10　問1．御成敗式目は武士独自の法で，のちの武家の基本法ともなった。

問2．アは国司，イは室町時代の守護，ウは地頭の説明。

問3．平城京は唐の都である長安を手本としてつくられた。

問4．アは武田氏の分国法，イは朝倉氏の分国法，ウは御成敗式目の内容。

問5．分国法が制定されたのは15～16世紀。アは11世紀から，イは10世紀，エは17世紀のできごと。

問6．公事方御定書は，江戸幕府の8代将軍徳川吉宗が享保の改革のなかで定めた。

問7．Aは鎌倉時代，Bは飛鳥～奈良時代，Cは江戸時代，Dは室町時代，Eは江戸時代。

答 問1．北条泰時　問2．エ　問3．平城京　問4．エ　問5．ウ　問6．享保（の改革）

　　問7．B→A→D→C（→E）

11　問1．1185年に起こった戦いで，源義経が活躍した。

問2．鑑真は中国の高僧で，何度も渡航に失敗し，失明しながらも来日を果たして仏教の普及に努めた。

問3．「扇形の埋め立て地」とは長崎の出島のこと。

問5．「戦い」とは応仁の乱のこと。守護大名である細川氏と山名氏の勢力争いに足利義政の跡継ぎ争いがか

　　らんで起こった。

問6．①は平安時代末，②は奈良時代，③は江戸時代，④は室町時代のできごとを描いた絵。

答 問1．ウ　問2．ア　問3．ウ　問4．イ　問5．イ　問6．②→①→④→③

12　問1．1．飛鳥時代の女性天皇。

　　　　2．大友皇子と大海人皇子（のちの天武天皇）が皇位をめぐって争った内乱。

　　　　3．奈良盆地の北部に，唐の長安にならって造られた。

　　　　4．律は刑罰について，令は政治のしくみについて定めたもの。

　　　　6．鎌倉幕府の有力御家人だったが，倒幕運動に参加し，六波羅探題を攻めほろぼした。

問2．世界最古の木造建築物で，世界遺産にも登録されている。㋐は聖武天皇，㋑は最澄，㋓は空海が建て

　　た寺。

問3．同じ時期には『古事記』も完成した。

　　㋑　地方の国ごとに，国の地名の由来や産物，伝説などが記された書物。

　　㋒　奈良時代につくられた日本最古の和歌集。

　　㋓　平安時代前期につくられた日本で最初の勅撰和歌集。

問4．㋐は江戸幕府の8代将軍徳川吉宗，㋑は聖徳太子，㋓は中大兄皇子らが深く関わった。

問5．藤原頼通が宇治（京都府）に造らせた平等院鳳凰堂は，阿弥陀堂建築の代表的なものとなっている。

問6．㋒の徳政令は，鎌倉幕府や室町幕府などが出した法令。

問7．1635年に出された武家諸法度で参勤交代を制度化した。

問8．㋐　六波羅探題は，鎌倉幕府の役職。

　　　㋺　京都所司代は，朝廷と西日本の大名を監視するために江戸幕府が置いた役職。

　　　㋥　武家諸法度は，大名統制のために江戸幕府が定めた法令。

　問9．化政文化期の説明を選ぶ。東洲斎写楽は役者絵，喜多川歌麿は美人画などを得意とした。

　答　問1．1．推古　2．壬申　3．平城京　4．大宝律令　5．御成敗式目（または，貞永式目）

　　6．足利尊氏

　　問2．㋩　問3．㋐　問4．㋩　問5．㋩　問6．㋩　問7．㋑　問8．㋑　問9．㋩

13　問1．㋐と㋑は旧石器時代，㋩は弥生時代の説明。

　問2．㋑は島根，㋥は佐賀県にある弥生時代の遺跡。㋩は群馬県にある旧石器時代の遺跡。

　問3．藤原氏一族の中での権力争いと，武家の源氏と平氏との対立により起こった争い。

　問5．㋐は京都府，㋑は岩手県，㋩は広島県，㋥は奈良県にある。

　問6．㋥は鎌倉時代（1221年）のできごと。

　問7．1457年に乱を起こしたアイヌの首長。

　問8．江戸に出稼ぎに来ていた農民を農村に返したり，ききんに備えて米を蓄えさせたり，寛政異学の禁を出すなどした。

　問9．現在の山形県にあった藩。

　答　問1．㋥　問2．㋐　問3．平治の乱　問4．坂上田村麻呂　問5．㋑　問6．㋥　問7．コシャマイン

　　問8．松平定信　問9．㋩

§2．近・現代の歴史（77ページ）

1　問1．①・②　徳川慶喜は新たな政権でも権力をにぎろうと大政奉還を行ったが，岩倉具視らはそれを阻止すべく王政復古の大号令を出した。

　　　④　新政府は，民衆に対しては一揆の禁止やキリスト教の禁止などを示した五榜の掲示を出した。

　　　⑤・⑥　明治新政府は，江戸幕府滅亡後も大名が藩を支配するしくみが残っていたため，1869年に版籍奉還，1871年に廃藩置県を行い，中央集権的な政治を展開しようとした。

　　　⑦　新政府は1871年に解放令を出し，江戸時代に差別されていた人々の身分を廃止して，平民とした。

　問3．写真は北海道函館市にある五稜郭。

　答　問1．①ア　②オ　③キ　④イ　⑤エ　⑥カ　⑦ウ　問2．エ　問3．イ

2　問1．地券には土地の所有者，地価，地租の額などが記載されている。

　問2．地租は1877年に地価の3％から2.5％に引き下げられた。

　問3．イ．徴兵令では，満20歳以上の男子に兵役の義務が課せられた。

　　　ウ．「地方分権体制」ではなく，中央集権国家を目指した。

　　　エ．1872年に新橋・横浜間に初めて鉄道が開通してから2年後に神戸・大阪間，さらに3年後には大阪・京都間が開通した。

　問4．1910年の韓国併合から1945年の太平洋戦争の終結まで，朝鮮は日本の植民地だった。

　問5．資料Bは三・一独立運動における独立宣言書で1919年に出された。

　　　ア．「フランス」ではなく，イギリスが正しい。

　　　イ．1951年で時期が異なる。

　　　ウ．「毛沢東」ではなく，孫文が正しい。

　答　問1．地券　問2．イ　問3．ア　問4．ア　問5．エ　問6．ウ

3　問1．北里柴三郎は伝染病研究所を創設し，赤痢菌を発見した志賀潔や黄熱病の研究で知られる野口英世など多くの優秀な研究者を輩出した。

問2．イは夏目漱石，ウは森鷗外，エは芥川龍之介の作品。

問3．アは 2002 年にノーベル化学賞，ウは 2021 年にノーベル物理学賞，エは 1965 年にノーベル物理学賞を受賞した人物。

問4．アは 1880 年，イは 1877 年，エは 1894 年のできごと。

問6．「欧米視察団」は，岩倉具視が代表をつとめた使節団を指す。大久保利通は，帰国後に明治政府の中心人物となって諸改革を行った。

問7．アは 1837 年，イは 1853 年，ウは 1825 年，エは 1868 年のできごと。

問8．太陽暦が採用されるまでの日本は，主に月の動きを基準とした太陰太陽暦を使用していた。

問10．養蚕がさかんで生糸の原料である良質な繭が確保できたこと，工場建設に必要な広い土地が用意できることなどの理由で，群馬県の富岡に建設された。

答 問1．イ　問2．ア　問3．イ　問4．ウ　問5．フランス　問6．エ　問7．ウ　問8．ア
問9．大政奉還　問10．富岡(製糸場)

④ 問1．1．第一次世界大戦は，イギリス，フランス，ロシアなどの協商国と，ドイツ，オーストリアなどの同盟国との戦いだった。

　　2．ドイツが山東省に持っていた権益を日本が継承すること，旅順・大連の租借期限を延長することなどが盛り込まれた。

　　3．第一次世界大戦の戦場はヨーロッパだったため，ヨーロッパ諸国からのアジアへの輸出がストップし，日本からのアジアへの製品の輸出が増加したことも好景気の要因となった。

　　5．シベリア出兵とは，イギリス・日本・アメリカなどによるロシア革命に対する干渉戦争のこと。

問2．当時の日本では，造船業や鉄鋼業が特に急成長した。

問3．富山県で始まった米騒動は，のちに全国へと広がり，寺内正毅内閣はその責任をとって総辞職した。

答 問1．1．き　2．く　3．う　4．お　5．い　問2．成金　問3．米騒動

⑤ 問1．(1) ドイツの東隣に位置する国。

　　(2) 1989 年 12 月のマルタ会談で，冷戦の終結が宣言された。

問2．「沖縄戦敗北」ではなくサイパン島が陥落し，「近衛文麿内閣」ではなく東条英機内閣が退陣した。

問4．アは孫文，ウは周恩来，エは蔣介石の写真。

問5．日本国内の治安維持のためにつくられ，1954 年には自衛隊に改組された。

問6．ア．「佐藤栄作内閣」が吉田茂内閣の誤り。

　　ウ．平和条約の発効は 1952。奄美群島は 1953 年，小笠原諸島は 1968 年，沖縄は 1972 年に返還された。

　　エ．「岸信介内閣」が鳩山一郎内閣の誤り。

答 問1．(1) ポーランド　(2) 冷戦(または，冷たい戦争)　問2．イ　問3．玉音(放送)　問4．イ
問5．警察予備隊　問6．イ

⑥ (1) アテネやスパルタなどの強大なポリスもあった。

(2) アは 1895 年，イは 1910 年，ウは 1877 年，エは 1940 年のできごと。

(4) ① 1937 年に始まった。1938 年には国家総動員法も制定された。

　　② イ・ウは第一次世界大戦，エは日露戦争に関連する文。

(5) アは 1950 年，ウは 1967 年のできごと。イ・エは第二次世界大戦後の占領下で実施された政策。

(6) 中国との国交を正常化し，中国からは友好の記念として「パンダ」がおくられた。

(7) 経済成長率は，国内総生産（GDP）の 1 年間の増加率のこと。1955 年以降高い水準で成長が続いていたが，1973 年の石油危機の発生により，成長が大きく落ち込んだ。

答 (1) ポリス　(2) ア　(3) 護憲運動　(4)① 日中戦争　② ア　(5) ウ　(6) 日中共同　(7) イ

5．日本と世界の歴史

(84 ページ)

1 (1)　法隆寺金堂釈迦三尊像を選ぶ。アは平等院鳳凰堂の阿弥陀如来像，イは広隆寺の半跏思惟像，ウは興福寺の阿修羅像。

(2)　A．1192 年に征夷大将軍に任命され，鎌倉幕府を開いた。

　　B．推古天皇のおい。蘇我馬子とともに天皇中心の政治を進めた。

　　C．推古天皇の国書を持ち，中国に渡った。

　　D．生涯に約 500 の企業の設立に関わり，「近代日本経済の父」と称された。

　　E．日本初の本格的政党内閣を組織した。

(3)　ア．平将門は関東地方で反乱を起こした。

　　イ．平清盛は日宋貿易をすすめるために，大輪田泊（現在の神戸港）を整備した。

　　エ．源氏の将軍が途絶えた後は，藤原氏や皇族から将軍をむかえた。北条氏は執権として幕府の政治を動かした。

(4)　ア．御家人を統括し，軍事・警察に関わる仕事を担った機関は「侍所」。

　　イ．朝廷の監視や西国武士の統制をとったのは「六波羅探題」。

　　ウ．裁判を担った機関は「問注所」。

(5)　ア．殷では亀の甲や牛の骨に穴をあけて火であぶり，表面に生じた割れ目で占い，政治を決めた。

　　ウ．シルクロードは中国と西アジアやインド，ヨーロッパを結んだ交通路。

　　エ．中国は 4 世紀から 6 世紀にかけて，遊牧民族が支配する北朝と漢民族が支配する南朝に分かれた。

(6)　アは 13 世紀の出来事。

(7)　後醍醐天皇の行った建武の新政では，最終的な決定は天皇の命令が必要であったため仕事が進まず，にせの天皇の命令書が出回ったりしていた。

(8)　この法令が出されたことで，公地公民の原則が崩れていった。

(9)　ア・イは古代，エは近代のヨーロッパについて述べた文。

(11)　寄合を開き，惣掟を定めるなどしていた。

(12)　アは 610 年頃の出来事。

(13)　アは 1871 年から 1873 年，イは 1933 年，ウは 1899 年から 1900 年，エは 1840 年から 1842 年，オは 1965 年，カは 1929 年，キは 1861 年から 1865 年，クは 1689 年の出来事。

(14)　国学の研究によって日本の古代精神が明らかになると，天皇政治を復活するべきであるという尊王思想がしだいに強まり始めた。

(15)　シベリア出兵を見越した大商人の米の買い占めや売りおしみが原因で米騒動が起こった。

(16)　X．5 代将軍徳川綱吉について述べた文。

　　Y．大老の井伊直弼について述べた文。

(18)　ア．パネル I の内容では，法隆寺の僧たちが文書を作成し，鎌倉幕府に報告していた事は分かる。

　　イ．パネル II の内容では，法隆寺の子院で発生した強盗事件について，寺の僧が犯人を探したり捕らえたりしている。

　　エ．パネル IV の内容では，他の領民に水の使用を許可したことが書かれている。

答 (1) エ　(2) A．源頼朝　B．聖徳太子（または 厩戸皇子）　C．小野妹子　D．渋沢栄一　E．原敬

(3) ウ　(4) エ　(5) イ　(6) ア　(7) ウ　(8) 墾田永年私財法　(9) ウ　(10) 行基　(11) 惣　(12) ア

(13) エ→キ→ア→ウ→カ

(14) （国学が）日本の古典を研究し，儒教や仏教の影響を受ける前の日本人の考え方（を明らかにし，日本独

自の文化や精神を大切にする学問だから。）（31 字）（同意可）

　⒂ 米騒動　⒃ エ　⒄ 大化の改新　⒅ ウ

2　問1．「漢委奴国王」の金印を授かったのは奴国の王で，1 世紀のこと。「大和政権」は 5 世紀頃を中心に栄
　　　　えた。

　　問2．⑴　邪馬台国の卑弥呼については魏志倭人伝に詳しい記述がある。

　　　　　⑵　史料では，このようなまじないを「鬼道」と表現している。

　　問3．C．「蘇我馬子」ではなく，小野妹子らを隋に派遣した。

　　問4．Ⅰは 11 世紀，Ⅱは 8 世紀，Ⅲは 9 世紀の出来事。

　　問5．解説に「中国の，はるか西方の国」とあることから「胡」はペルシア。正倉院には聖武天皇の愛用品な
　　　　ど大陸から伝わったものが数多く納められている。

　　問6．ウは源氏の説明になっている。

　　問7．Ⅱ．鎌倉幕府の第 8 代執権。

　　　　　Ⅲ．御家人の借金を帳消しにするものだったが，かえって経済は混乱し，効果は上がらなかった。

　　問8．⑴　エの組み合わせは，江戸時代の「工夫」や「ヨコのつながり」の例。

　　　　　⑵　倭寇と区別するため，正式な貿易船には明から与えられた勘合を持たせた。また，銅・刀剣・硫
　　　　　　黄は日本の主な輸出品だった。

　　問9．Ⅰは 1837 年，Ⅱは 1637 年，Ⅲの天明の飢饉は 1782 年〜1787 年。

　　問10．A はイギリス，B はフランス，D はロシア。

　　問11．⑴　日米修好通商条約では函館・新潟・横浜・長崎・神戸の 5 港が開かれた。

　　　　　⑵　領事裁判権を認めたことで，日本で外国人が事件を起こした場合にも，日本の法律で裁くことが
　　　　　　できないという不平等な点があった。

　　問12．Ⅰは 1910 年，Ⅱの操業開始は 1901 年，Ⅲは 1923 年。

　　問14．Ⅰ．日英同盟は日露戦争前の 1902 年に結ばれた。

　　　　　Ⅲ．ワシントン会議で新たに四か国条約が結ばれたことで，日英同盟は廃棄された。

　　問15．バブル経済が終わったのは 1991 年頃。

　　問16．⑴　A は江戸時代，B は室町時代，C は明治時代，D は平安時代の作品。

　　　　　⑵　踊り念仏を広めたのは，時宗の開祖であった一遍。

　答　問1．ウ　問2．⑴卑弥呼　⑵イ　問3．カ　問4．エ　問5．イ　問6．ウ　問7．キ
　　問8．⑴ウ　⑵ア　問9．エ　問10．ウ　問11．⑴ウ　⑵領事裁判権　問12．ウ　問13．貴族院
　　問14．イ　問15．エ　問16．⑴ウ　⑵イ

3　問1．弥生時代の遺跡を選ぶ。イは古墳時代，ウは縄文時代，エは旧石器時代の遺跡。

　　問2．鎌倉幕府をたおす中心となり，建武の新政を行った天皇。

　　問3．B は 645 年に中大兄皇子と中臣鎌足が中心となって始めた大化の改新について述べた文。アの白村江
　　　　の戦いは 663 年，イの藤原京の完成は 694 年，エは聖徳太子が行った 7 世紀初めのできごと。

　　問4．ア．8 世紀の戦いにやぶれ，西ヨーロッパへの勢力拡大は止まった。

　　　　　イ．十字軍の派遣は 11 世紀以降のできごと。また，「西ローマ帝国」ではなく西ヨーロッパ諸国，聖
　　　　　　地は「ローマ」ではなくエルサレムが正しい。

　　　　　ウ．「ムガル帝国」と「オスマン帝国」が逆になっている。

　　問6．全国に国分寺・国分尼寺が建てられた。また，都には東大寺が建てられ，金銅の大仏が造られた。

　　問7．自らを「新皇」と名乗り，関東地方のほとんどの地域を制圧した。

　　問8．ア．摂政は「男性天皇」ではなく，幼い天皇や女性天皇の代わりに政治を行った役職。関白は「女性
　　　　　天皇の代わり」ではなく，天皇を補佐する役職。

　　　イ．「奥州藤原氏」が藤原氏，「平泉」が京都の宇治の誤り。

　　　ウ．「中尊寺金色堂」は，奥州藤原氏によって平泉に建てられた。

問 9．E は 1221 年に起こった承久の乱について述べた文。

問10．上皇の挙兵に対して，北条政子は御家人たちに源頼朝の御恩を説いて結束を訴えた。

問11．F は 1274 年に起こった文永の役について述べた文。

問12．ア．「宋」が滅ぼされたのは，文永の役後の 1276 年のできごと。

　　　イ．文永の役の後，二度目の襲来に備えて石塁を築いた。

　　　エ．「土倉や酒屋を保護していた」のは室町幕府。永仁の徳政令では，「農民」ではなく御家人の借金を帳消しにした。

問14．「シャクシャイン」ではなく，コシャマインの誤り。また，戦いは鎮圧され，敗北した。

問15．一向宗は，浄土真宗ともいわれる。イは曹洞宗，ウは時宗，エは日蓮宗を開いた僧。

問16．上杉謙信は新潟県のあたりを治めた戦国大名。「山梨県」を拠点としたのは武田氏。

問17．Ⅰは 1582 年，Ⅱは 1587 年，Ⅲは 1575 年のできごと。

問18．X．アステカ王国は 1522 年，インカ帝国は 1533 年に，「ポルトガル」ではなく，スペインによって滅ぼされた。

　　　Y．「派遣された後」ではなく，派遣される前が正しい。少年使節（天正遣欧使節）の出発は 1582 年。ルターは 1517 年，カルバンは 1541 年に宗教改革を始めた。

問19．田沼意次は，大商人の力を利用して，幕府の財政を立て直そうとした。Ⅰは寛政の改革を行った老中。Ⅱは 18 世紀前半に享保の改革で Z などの政策を行った，江戸幕府の第 8 代将軍。X は 19 世紀前半に水野忠邦が行った天保の改革の政策。

問20．1774 年に前野良沢とともに「解体新書」を出版し，蘭学の基礎を築いた。

問22．1871 年にドイツ統一を実現した政治家。

　　　ア．17 世紀半ばにイギリスで起こったピューリタン革命の指導者。

　　　ウ．17 世紀後半に，著書『統治二論』の中で社会契約説と抵抗権を唱えた人物。

　　　エ．独立戦争の指導者で，1789 年にアメリカ合衆国の初代大統領に就任した人物。

問23．エジプトでは，ナイル川の洪水の時期を知るために天文学が発達し，太陽暦が作られた。

問24．ウは西南戦争で，1877（明治 10）年のできごと。

問25．大正時代は 1912～1926 年。イは 1922 年に出された「水平社宣言」の一部。アは 1868 年発布の「五箇条の御誓文」，ウは明治時代前期に出版された福沢諭吉の「学問のすゝめ」，エは 1904 年に与謝野晶子が発表した詩の一部。

問26．Ⅰは 1918 年 9 月，Ⅱは 1918 年 8 月，Ⅲは 1914 年のできごと。

問27．Ⅰは 1932 年，Ⅱは 1936 年，Ⅲは 1930 年のできごと。

問28．ア．「北京郊外の盧溝橋」ではなく奉天郊外の柳条湖で，関東軍が鉄道の線路を爆破した。

　　　イ．「国民党」と「共産党」が逆になっている。国民党と共産党は，日中戦争開戦後に内戦を停止し，抗日民族統一戦線を結成した。

　　　エ．太平洋戦争の開始は 1941 年。大政翼賛会の結成は 1940 年，国家総動員法の制定は 1938 年のできごと。

問29．1972 年に田中角栄内閣が，日中共同声明によって国交を正常化させた。Ⅰは 1956 年，Ⅱは 1989 年，Ⅲは 1960 年のできごと。

答　問 1．ア　問 2．後醍醐(天皇)　問 3．ウ　問 4．エ　問 5．天平

　　問 6．仏教(の力により国家を守ろうとする)聖武天皇が命じた大仏造立(事業)（同意可）　問 7．平将門

　　問 8．エ　問 9．承久　問10．ウ　問11．文永　問12．ウ　問13．足利義満　問14．エ　問15．ア

　　問16．イ　問17．オ　問18．エ　問19．オ　問20．ア　問21．戊辰　問22．イ　問23．ア

　　問24．ウ　問25．イ　問26．カ　問27．オ　問28．ウ　問29．カ　問30．中華民国

4 (1)　イスラエルが首都と主張している都市。

(2)　第1回の十字軍は1096年に派遣された。

(3)　あ．トルコ系の人々が建国したイスラム王朝。

　　　い．東ローマ帝国の別称。

(4)　1948年にイスラエルが建国されて以来，イスラエルを建国したユダヤ人とパレスチナに住むアラブ人との対立が続いている。

(5)　「バーミヤン渓谷の文化的景観と古代遺跡群」はアフガニスタンの首都カブールの北西に位置する。タリバンにより2体の巨大な石仏が爆破され，その映像が配信された。

(6)　サウジアラビアはアラビア半島の大半を占める国，イランは西アジアの高原地帯にある国。Xはエジプト。

(7)　推古天皇の摂政となり，冠位十二階や十七条の憲法などを制定した。

(8)　尾張国の百姓出身で，織田信長に仕えた。信長の死後，1590年に全国統一を果たした。

　答　(1) a　(2) 十字軍　(3) ア　(4) イ　(5) ア　(6) ア　(7) 聖徳太子(または，厩戸皇子・厩戸王)　(8) 豊臣秀吉

5 問1．桓武天皇によって征夷大将軍に任じられ，蝦夷の族長阿弖流為を降伏させた。

問2．「バブル経済」は，1980年代後半に始まり，1990年代前半に崩壊した。アの第一次石油危機は1973年，イは1960年以降，エは太平洋戦争中から戦後にかけての出来事。

問3．台湾は，1895年に結ばれた下関条約によって日本の領土となった。

　ウ．日露戦争の講和条約として結ばれた，ポーツマス条約の説明。

　エ．「義和団事件」は，清で起こった外国文明を排除しようとする運動。義和団は急速に勢力を伸ばし，1900年には北京を攻撃したが，日本を含む8か国の連合軍によって鎮圧された。

問4．「天草四郎」は，1637年に起こった島原・天草一揆において，一揆を指導した人物。

問5．松尾芭蕉は，俳諧を芸術として確立した，元禄文化期の人物。また，井原西鶴は，浮世草子と呼ばれる小説を著した人物であり，近松門左衛門は，『曽根崎心中』などを書いた歌舞伎・人形浄瑠璃の脚本家。イは化政文化期，エは明治時代から大正時代にかけて活躍した人物。

問6．ア．奥州藤原氏は，後三年の役をきっかけとして東北地方に基盤を築いた。「保元の乱・平治の乱」は京都で起こった戦乱で，これに勝利した平清盛が勢力を伸ばした。

　ウ．「藤原道長」は，息子の頼通とともに藤原氏の全盛期を築いた貴族で，奥州藤原氏には含まれない。

　エ．「平清盛」ではなく，源頼朝が正しい。

問7．イ．「物部氏」ではなく，蘇我氏が正しい。「物部氏」は，日本古来の神々を重視して仏教の受け入れに反対し，蘇我氏と対立した。

　エ．最澄と「空海」は，ともに唐へ渡って仏教を学び，帰国後には最澄が天台宗を，「空海」が真言宗を開いた。

問8．イ．「参勤交代」は，一年おきに江戸と領地を往復する制度で，江戸時代に大名が義務づけられた。

　ウ．将軍は，御恩として御家人に領地支配を認め，戦いで活躍した場合には，新たな役職や土地を与えた。

　エ．戦国大名についての説明。

問9．前方後円墳は，四角形と円を組み合わせた形をしている。「前方部が南を向いている」という記述に注意。

問10．アは紀元前6世紀ごろ，エは紀元前6世紀から紀元前5世紀にかけての出来事。また，ウのキリスト教は，4世紀末に「ローマ帝国」の国教となった。

問11.　ウ．ベルギーのブリュッセルには，EU の本部が置かれている。

　　　　キ．発足当初の国際連合の常任理事国は，アメリカ・イギリス・フランス・ソ連・中華民国の5か国。
　　　　後に，中華民国に代わって中華人民共和国が常任理事国となり，ソ連の崩壊後は，ロシアがその地
　　　　位を引き継いだ。

　　　　ク．後にドイツ・ソ連も国際連盟に加盟し，常任理事国となった。また，1930 年代に日本・ドイツ・
　　　　イタリアが脱退し，ソ連が除名されるなど，国際連盟の常任理事国は時期によって変化した。

問12.　普通選挙法は，1925 年に加藤高明内閣が成立させた。

問13.　世界恐慌は 1929 年にアメリカで始まり，その影響によって，日本は翌年に昭和恐慌と呼ばれる不景気
　　　　を迎えた。アの第一次世界大戦は 1914 年から 1918 年，イの五・四運動は 1919 年，ウは 1917 年の出来事。

問14.　平等院鳳凰堂は，11 世紀に藤原頼通によって建立された。十字軍の派遣は，11 世紀末から 13 世紀後
　　　　半にかけて行われた。イは 14 世紀，ウは 13 世紀後半，エは 15 世紀前半の出来事。

問15.　アは法然，イは親鸞，ウは日蓮の説明。

問16.　日本は 1910 年に韓国を併合し，植民地とした。その際に石川啄木は，国を失った朝鮮の人々の悲しみ
　　　　を短歌で表現した。

答　問1．坂上田村麻呂　問2．ウ　問3．ウ・エ　問4．エ

　　問5．（人物名）松尾芭蕉　（記号）ア・ウ　問6．イ　問7．ア・ウ　問8．ア

　　問9．（右図）　問10．イ　問11．（国際連盟）ア・エ・カ・ク　（国際連合）イ・オ

　　問12．㋒　問13．エ　問14．ア　問15．エ

　　問16．朝鮮国が韓国併合によって日本の植民地となったこと。（同意可）

北

南

【写真協力】　ErikD・Norwegian Fjord・via Wikimedia・CC BY-SA ／ アフロ・読売新聞社 ／ ピクスタ株
　式会社 ／ 株式会社フォトライブラリー ／ 宮内庁正倉院事務所 ／ 毎日新聞社
【地形図】　本書に掲載した地形図は，国土地理院発行の地形図・地勢図を使用したものです。